岭南文化青少年读本系列

主编：傅 华　副主编：王桂科

岭南历史

王 芳　主编

SPM 南方出版传媒 广东人民出版社

·广州·

图书在版编目（CIP）数据

岭南历史 / 王芳主编 . —广州 : 广东人民出版社 , 2020.6
（岭南文化青少年读本系列 / 傅华主编）
ISBN 978-7-218-13854-1

Ⅰ.①岭… Ⅱ.①王… Ⅲ.①广东－地方史－青少年读物 Ⅳ.① K296.5-49

中国版本图书馆 CIP 数据核字 (2019) 第 196429 号

LINGNAN LISHI
岭南历史
王　芳　主编

出 版 人：肖风华

编写统筹：王　芳
责任编辑：倪腊松　林小玲　张竹媛　梁淑娴　潘逦
整体设计：李卓琪　王昶彤
责任技编：吴彦斌　周星奎
责任校对：梁敏岚　林　俏

出版发行：广东人民出版社
地　　址：广州市海珠区新港西路 204 号 2 号楼（邮政编码：510300）
电　　话：(020) 85716809（总编室）
传　　真：(020) 85716872
网　　址：http://www.gdpph.com
印　　刷：广州市浩诚印刷有限公司
开　　本：787 毫米 ×1092 毫米　1/16
印　　张：7.625　字　　数：95 千
版　　次：2020 年 6 月第 1 版
印　　次：2020 年 6 月第 1 次印刷
定　　价：35.00 元

如发现印装质量问题，影响阅读，请与出版社（020-85716808）联系调换。
售书热线：(020) 85716826
书中个别图片暂时无法联系到作者，如发现后请及时与我社取得联系。

前言

广东被誉为中国的南大门，简称"粤"，北临南岭，南面南海，气候温暖湿润，地势北高南低，河网密布。独特的地理位置和自然环境造就了广东自身独特的发展历史。

作为广东人，你对广东的历史文化了解多少呢？广东有人类活动的历史是多长时间？我们什么时候开始了自己扬帆世界的旅途？曾经引领欧洲时尚潮流的"中国风"跟广东有什么关系？

这本书里主要选取了广东的古代史部分，由于鸦片战争作为古代史和近代史的分界点，所以我们就从广东的远古历史，一直写到鸦片战争为止，通过这段古代史来与大家共同探讨那个只有历史能够给我们答案的谜题："我们，为什么是今天的我们？"

另外，岭南是中国近现代史的开启之地，得风气之先，具有极其丰富多彩的内容，我们打算接下来专门编写一本书来较充分地展示这一段历史画卷。

同时，感谢广东省博物馆团队成员：邱靖雯、许婉婕、农如丹、蔡奕芝、吴昌稳、郑颖和鸦片战争博物馆张翠霞的鼎力支持，正是他们付出的努力和行动，才有今天书稿的呈现。

目录

石器时代与马坝人

生活在几十万年前的广东人，就好像身处童年时代的我们，每学习一项生活技能，对他们而言都是巨大的挑战。他们首先学会了用自然界中已有的石头、树枝、动物骨骼等物件来帮助自己获取食物和衣物。这些看起来很粗糙的石块是 50 万年前生活在云浮郁南磨刀山的广东人留下来的工具，考古学家们将它们命名为"石器"，包括石镐、石斧、砍砸器、刮削器等等。这些工具在当时来说可是很厉害的发明呢。

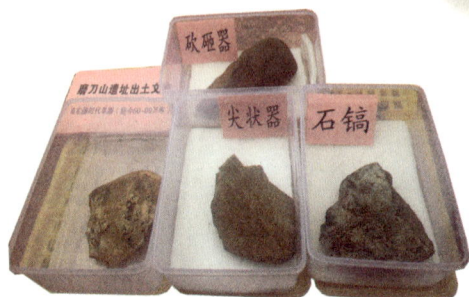

砍砸器

磨刀山遗址出土文

尖状器　石镐

石镐、石斧等石器（磨刀山遗址出土）

人类最早的历史也被称为"石器时代"。最早人们只会通过敲打的方式来改变石头的形状，后来逐渐学会了打磨，让这些石器变得更加精致。考古学家们按照石器制作的方式不同，把以打制石器为主的时代称为"旧石器时代"，以磨制石器为主的称为"新石器时代"。石器跟树皮、树枝、动物骨骼能够组合成更为复杂的工具，帮助人们狩猎、切肉、制衣、取火、烹饪，让他们过上更好的生活。

"考古学家"是什么？为什么要考古？

在漫长的历史中，我们的祖先创造了辉煌灿烂的文化，然而这些历史的印记大部分都随着岁月的流逝而尘封在地下。今天，我们利用考古，寻找历史的"见证人"，重现远古先民生活的场景。从事这项工作的专家们被称为"考古学家"。

磨刀山遗址

马坝人复原图

马坝人头盖骨化石

　　在磨刀山遗址，考古学家们只找到了人类制作的石器，并没有找到人类的骨骼化石。现在我们能见到的最早的广东人遗骸是"马坝人"。他们生活在大约 12.8 万年前的韶关曲江马坝镇，所以被命名为马坝人。科学家们利用先进的技术复原了马坝人的形象，你觉得跟今天的广东人长得像吗？

马坝狮子岩洞穴遗址出土的动物化石（虎犬齿）

马坝狮子岩洞穴遗址出土的动物化石（剑齿象臼齿）

马坝狮子岩洞穴遗址
出土的动物化石
（鹿臼齿）

马坝狮子岩洞穴遗址
出土的动物化石
（貘下臼齿）

马坝狮子岩洞穴遗址
出土的动物化石
（牛臼齿）

马坝狮子岩洞穴遗址
出土的动物化石
（熊猫臼齿）

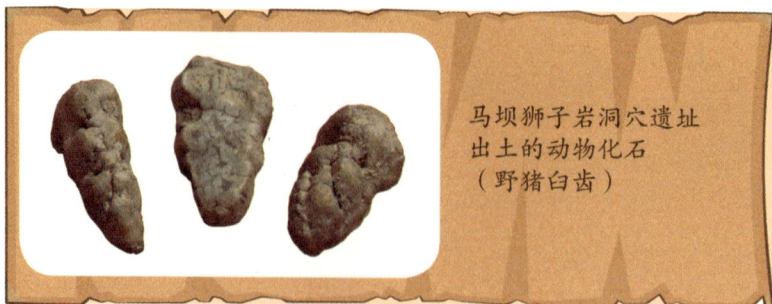

马坝狮子岩洞穴遗址
出土的动物化石
（野猪白齿）

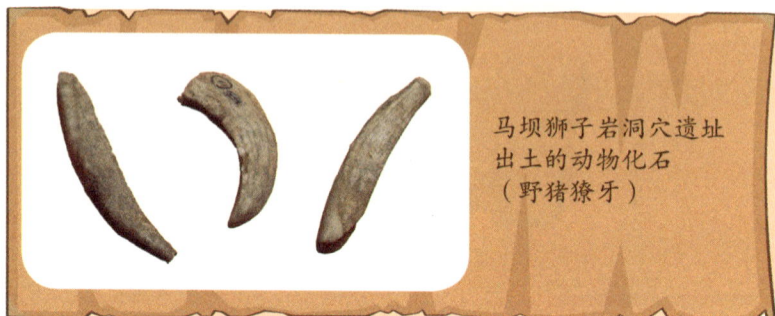

马坝狮子岩洞穴遗址
出土的动物化石
（野猪獠牙）

　　在发现马坝人化石的洞穴里，还发现了19种动物的化石，比如剑齿象、貘、熊猫、虎、熊、鹿、犀牛、野猪等等。根据这些动物的生活习性，考古学家们推断，马坝人生活在一个气候温暖、水源充足、森林茂密、动物繁多的环境里，这些动物就是他们猎取的对象。

　　熊猫、虎、犀牛等生物今天依然能够在动物园或野外见到。正因为它们是从远古时代生活到今天的物种，所以非常珍贵，一定要好好保护！

石器时代的衣食住行

菊花纹圆底陶罐
商周
（南汉二陵博物馆藏）

木镇墓俑
西汉
（南汉二陵博物馆藏）

衣食住行，是我们现在生活的基本保证。在石器时代，我们的祖先也会就地取材，获取衣物、食物，打造住所和交通工具。

雷州英利镇那停村
出土石拍

珠海锁匙湾遗址
出土石拍

珠海宝镜湾遗址
出土石拍

深圳咸头岭遗址出土石拍

在石器时代的环珠江口地区，流行着一种树皮布文化。人们将石头制作成石拍，用来拍打树皮的内皮，把树皮拍软之后就可以用来制作衣服了。现在，这样的树皮衣在我国云南省、东南亚、太平洋一些岛屿的土著民族中还能够见到，是一种历史非常悠久的衣服。

像树皮布这种不经过纺织而做成的布料有个专有名词，叫做"无纺布"。与之相对，如果用植物，比如麻的纤维，捻成线，再用纺轮等工具把线纺织成布，那就叫"纺织布"。现今按衣服原料制作技术体系的差异，初步可区分为无纺布和纺织布两大系统。

纺轮

作为以"食"闻名的广东人，我们石器时代的祖先的菜谱就已经非常丰富了。其中包括鱼、鳖、蛇、蚌、蛤等水生生物，剑齿象、貘等动物，棕榈树、香蕉、莲属、慈姑、荸荠、蕨类、薏苡属、橡子等各种植物，还有人工种植的水稻。

古椰贝丘遗址位于佛山市高明区荷城镇，是新石器时代晚期的遗址。2006 年，该遗址发掘出土许多果核、木块、竹片、陶片、小贝壳、小石螺、动物碎骨。考古学家们发现的这些动植物遗存，让我们知道了新石器时代的广东人都吃什么、穿什么，他们如何生活，以及他们的生活环境是怎样的，这样的实物资料非常宝贵。正因如此，这个遗址的发现也被评为 2006 年度"全国十大考古新发现"。

古椰贝丘遗址航拍图

陶器是新石器时代人类的一个伟大的发明，它的出现意味着人类已经能够以泥土为原料，熟练地烧造出各种器物来，是原始人类的生产能力大幅提高的体现。在秦朝统一岭南以前，广东人用的陶器被称为"几何印纹陶"。这种陶器一般是用手捏的，将陶土捏出一个大体形状之后，再用一些藤条或是其他植物做成的拍子拍打器物表面，让它更加坚固。藤条在陶器上印下的连续的几何图案也成为陶器上的一种装饰。那个时候的陶器一般是用来烹饪和储存食物的。

西周中晚期双耳陶罐

广东地区河流众多，南临大海，我们的祖先也留下了许多获取水生生物作为食物的工具，比如蚝蛎啄。它是一种尖尖的石器，可以用来撬开坚硬的蚝壳，也可以把附着在礁石上的生蚝敲下来。此外，他们还发明了陶制或石制的网坠，在捕鱼的时候，网坠能够促使渔网打开并快速下沉。

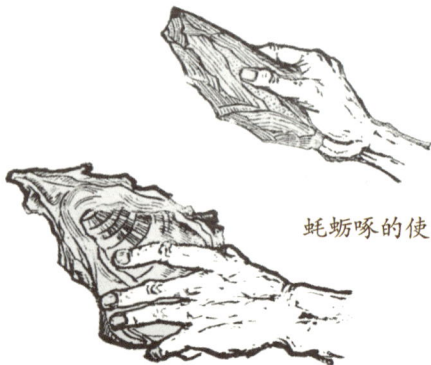

蚝蛎啄的使用

蚝蛎啄

蚝蛎啄

广东英德青塘遗址
黄门岩 2 号洞地点发掘区

在考古学家发掘的各种各样的遗址中可以发现，岭南先民生活于洞穴、沙丘、贝丘、山冈、台地等不同地理环境中，除了最原始的洞穴，也能见到他们曾经居住过的房屋的遗迹。

洞穴是早期人类生活和埋葬死者的地方，洞穴遗址一般都是石器时代的人们留下的，那个时候人们也会以洞穴为活动中心，就近进行采集和狩猎活动。发现马坝人的狮子岩遗址和被评为"2018 年度全国十大考古新发现"的广东英德青塘遗址都属于洞穴遗址。

贝丘遗址以留下了大量古代人类食用完毕后抛弃的贝壳为特征，大都位于江、河、湖、海的附近，很多都是新石器时代留下来的遗存。除了贝壳，在贝丘遗址中还发现了石器、陶器等文化遗物以及房基、窖穴和墓葬等遗迹。

高明古椰贝丘遗址发掘现场

东汉干栏式陶屋

今天，在我国的少数民族地区和东南亚的一些地方，这种干栏式的房屋还是很常见的。三千多年前生活在广东的江河附近的古越族人，住的也是这样的房子。这种房子一般用木头搭成，下层架空，在潮湿多雨的广东地区可以起到防潮、防毒虫猛兽的作用。

铜提筒上的羽人竞渡纹饰
（局部）

广东面朝大海，河网密布，所以广东先民们最擅长使用的交通工具自然是各种船只。在春秋战国时期发现的岩刻画和西汉南越王墓出土的铜提筒上可以看到，那个时候的古越族人已经掌握先进的水上航行和作战技术。

南越国的故事

南越国的故事，要从秦始皇统一六国开始讲起。

公元前221年，秦王嬴政结束了中原地区的分裂局面，建立了中国历史上第一个大一统王朝——秦朝，自称为始皇帝。公元前218年，嬴政派遣大将屠睢攻打岭南。公元前214年，嬴政派任嚣、赵佗平岭南。在此设立了桂林、南海和象郡三郡，任嚣被任命为南海郡郡尉，赵佗在战役中屡建军功，受到重用，被任命为南海郡龙川县县令。

银盒
（西汉南越王博物馆藏）

玉舞人
（西汉南越王博物馆藏）

错金铭文铜虎节
（西汉南越王博物馆藏）

大家都知道，秦朝是个短命王朝，公元前221年建立，公元前207年就覆灭了。秦朝末年，各地百姓由于无法忍受秦朝的暴虐统治，纷纷起义，平静了没多久的广大地区眼看又要陷入战火中。此时，任嚣病重。他私下与赵佗商议，让赵佗脱离秦朝自立为王，保住岭南大地一方安宁，不要被中原地区的纷争波及。

任嚣死后，赵佗起兵攻打桂林郡和象郡，兼并了包括今天的广东、广西和越南北部的广大地区，自立为南越武王，于公元前203年建立了南越国，定都番禺，也就是今天的广州。

赵佗

这个时候，广东的土著居民是越族人，而赵佗自己是河北人，他和任嚣带来的秦军也都是中原各地的汉人。为了巩固南越国的政权，促进汉越民族之间的团结，他遵从越族人的习俗，提倡汉越通婚，提拔越人参与治理国家，又在南越国推广中原先进的制度、文化和农业生产方式，促进经济的发展。赵佗在位六十多年，为岭南地区的安定和繁荣开创了崭新的时代。

由于赵佗实在太长寿，传说活了一百多岁，所以南越国的第二任国王不是赵佗的儿子，而是他的孙子赵眜（mò），也就是南越文王。

"文帝行玺"龙钮金印

1983年，广州越秀区象岗山发现了南越王墓，出土了"文帝行玺"金印，这枚金印告诉我们，这个墓葬的主人正是南越文王赵眜。

赵眜登基的时间是公元前137年。这时，中原地区的汉朝进入了汉武帝统治的时代，国力强盛，中原文化也对南越国产生了深刻的影响。由于秦汉时期流行厚葬文化，讲究"事死如事生"，所以那个时候的随葬品都非常丰富，南越王墓的出土文物也成为我们了解汉代广东的一面镜子。

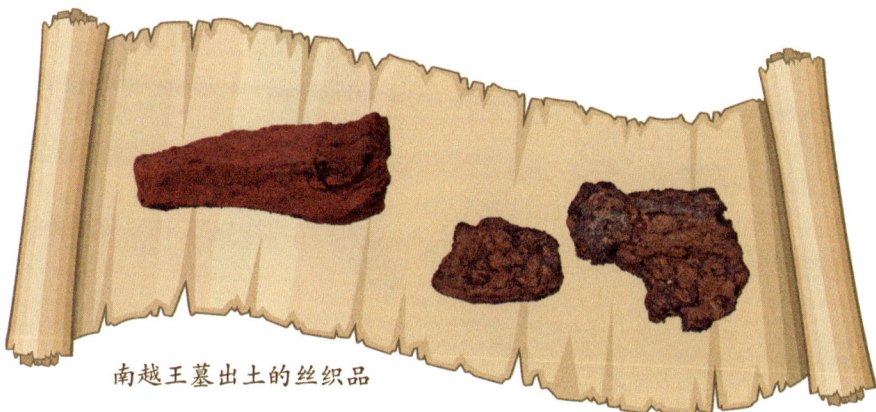

南越王墓出土的丝织品

考古学家在南越王墓中发现了许多丝织品，种类丰富，工艺精湛。在许多铜器、铁器和陶器的表面，都可以看到绢包裹的痕迹，说明当时南越国的丝织品非常充足，大量丝织品被当成包装纸使用。其中有一种叫"超细绢"的织物，它的经纬密度是每平方厘米320×80根纱，使用的细丝比一根头发丝还要细得多，是目前所见到的汉代经纬密度最高的丝织物。

南越王墓里还发现了对丝织品进行印花装饰的工具 —— 两件印花铜版模。它们是目前世界上发现的最早的丝织物彩色套印花纹的印花凸版，由一大一小组成。

大的凸版长5.7厘米，宽4.1厘米，整体图案像一棵小树，树顶有旋曲的四簇火焰，是主纹板。

南越王墓出土的印花凸版模

小的凸版长3.4厘米，宽1.8厘米，像一个"人"字，下面两角也是火焰纹，是定位板。

印花版的背面有穿孔的小钮，可以用绳系住，方便用手握住，然后像盖图章那样把花纹盖印在丝织物上。根据专家的模拟实验，一幅10米长的织物，需要盖印6000次，很费工夫，真是不容易呀！这两块印花凸版的发现在科学技术史、印染工艺史和雕版印刷史上都有重要的意义。

从这些丝织品和印花工具可以看到，南越国的纺织技术是非常发达的。秦始皇时期有大量的中原移民来到岭南，这样的纺织技术应该是由中原的纺织手工业者带来的。他们利用南越国优越的自然条件，使岭南地区的纺织业基本赶上了当时中原地区的水平。

南越王墓出土铜纽钟

南越王墓出土的圆雕玉舞人

南越国人不仅穿得好看，而且能歌善舞。他们将中原艺术与本土的越族乐舞进行融合，创造和发展了南越艺术，形成了南越国乐舞的独特风貌。

南越国的宫廷流行的是中原"杂舞"。汉代的舞蹈大致上分为两大类，一类是在祭祀祖先等大型典礼上跳的，后世称为"雅舞"，另一类是娱乐性为主的舞蹈，后人称为"杂舞"。汉代比较流行的"杂舞"有"长袖舞""巾舞""盘鼓舞"和"沐猴舞"等。

南越王墓东耳室的乐器出土现场

南越王墓里发现的大量乐器大多集中堆放在东耳室，大小有序整齐地排列在墙根或地面上。出土时，纽钟还整齐地悬挂在木横梁上，沿墙还放有青铜酒器等宴饮用的礼器，显然是模仿墓主人生前宴乐的场面精心放置的，可以想象这样的演出场面有多么壮观。

和宫廷的风尚相反，在南越国民间则主要流行本土的越族舞蹈。这种舞蹈无论是服装还是姿态都完全不同于中原汉式舞蹈或楚式舞蹈，跳舞的人个个头上戴着高高的羽毛冠，下身穿后幅长及地面、前幅过膝的羽毛裙，上身可能是赤裸的。他们排成一列，舞蹈的动作以腰胯、臀的摆动为主。可惜这种"羽毛舞"已经失传，只能在岭南地区出土的一些铜鼓上看到历史的剪影。

南越王墓出土的铁甲胄

南越国于公元前 203 年建国，至公元前 112 年为汉武帝所灭，共计 93 年。它能够与北面强大的汉朝和谐共处这么长时间，除了有效的内政外交政策、地处边陲山高路险的独特地理环境外，还跟它拥有较强大的国力与精良的武器有关。南越王墓出土的兵器虽然占比不多，但还是可以从中了解到不少南越国的军事力量与尚武的传统。

南越国士兵的服装仍部分保留着秦朝骑兵服的样式，有南越王墓出土的秦式铁甲可以证明。这件铁甲无立领、无衣袖，全身用 709 片铁甲片穿结而成，类似我们穿的小坎肩，更像是现在警察穿的防弹背心。这种装束不仅具备了防护身体的功能，还有利于保持灵活性。

南越王墓出土的铁甲胄复原件

南越王墓出土的铁戟   南越王墓出土的"张义"铜戈

在冷兵器时代，剑、矛、戈都是战场上的作战利器，所谓"短兵相接""短兵"指的就是刀、剑等短兵器，"接"则是交战的意思。而弩机这种远程兵器，发挥的作用更像今天的狙击枪。

南越王墓出土了15件弩机，每件分别用丝织物捆扎。这些弩机多数鎏金，射程在100米以上，能够使用这种弩机的都是真正的"神枪手"。其中有10件弩机还安装了一种称为"闲"的安全机关。所谓"闲"就是悬刀上面的一块薄木片，经火烧烤后成弯曲状，前后两头用竹钉钉牢，这样，闲就把悬刀遮护起来，避免张弓后触动弦而导致误射。由此可见，南越国的武器已相当先进，弩机的发射原理与安全装置已经具有了今天手枪的雏形。墓里还出土了500多颗铅弹丸，有大有小，大部分中间还有个小圆孔，不穿透。这些铅弹配合着重弩机使用，杀伤力相当厉害。

南越王墓出土的铜弩机

南越王墓出土的铜剑

南越王墓出土的错金铭文虎节

这样一支装备精良的部队，必须要服从君主的调遣。南越王墓中还出土了一件用以传递政令的精美的虎节。在中国古代军事领域，虎的形象经常出现，它们往往被制作成兵符，传递着命令，因此被称为"虎符"。符源于节，古代节的质料、形制、用途很多，如玉节、角节、虎节、龙节等，其中最古老的是竹节。节可以调兵，也可以用于外交。

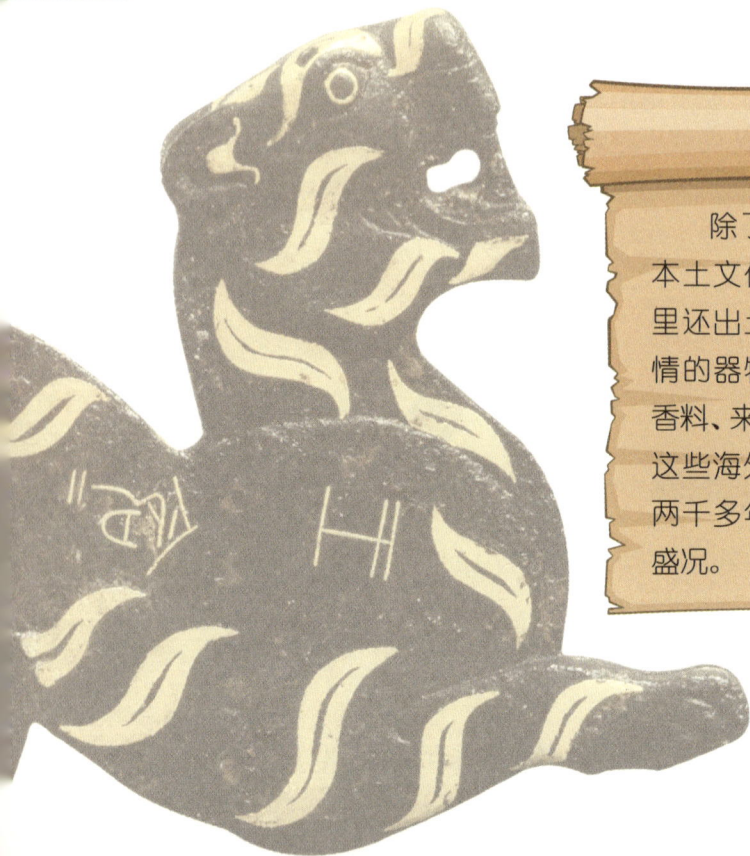

除了这些能够展现中国本土文化的物件，南越王墓里还出土了许多带有域外风情的器物，还有来自中亚的香料、来自非洲的象牙等等。这些海外奇珍让我们看到了两千多年前广东海外贸易的盛况。

南越王墓出土的银盒

　　南越王墓主棺室中出土了一件银盒，盒盖和盒身有以蒜子形互间排列的纹带，采用了锤揲工艺。这件银盒的造型、纹饰和工艺与中国传统器具的风格迥异，但和西亚波斯帝国时期的金银器类同。用锤揲工艺压制的金银器具最早见于 3300 年前的古埃及法老图坦卡蒙墓出土的金银盘碗，后来传入波斯，这种蒜瓣纹的金银器在西方发现了很多。

盒盖纹带图案

盒身纹带图案

南越王墓出土的乳香

南越王墓出土的四联体铜熏炉

　　南越王墓里还发现了来自西亚红海地区的乳香。在汉代的时候，熏香已经成为贵族们的生活时尚，当时的香料主要来自东南亚，而南越王墓中的乳香则表明，早在秦汉时期，从广州出发的海上贸易就已经初具规模。

　　汉武帝平南越前已经注意到这一贸易的存在及其益处，平南越后，即派使者沿着民间开辟的航路，带领船队出使东南亚和南亚诸国。至东汉桓帝时，大秦（罗马）商船第一次循海路驶达番禺（广州），标志着横贯亚洲、非洲和欧洲的航道最终形成。由于中国最早出口的货物以丝绸为主，故而这条海上航线也被称为"海上丝绸之路"。

广府人、潮汕人、客家人：我们都是广东人

　　秦汉时期是广东地区与中原地区经济文化交流的一个高峰期，而这种交流主要是通过中原移民进入岭南的方式实现的，比如任嚣和赵佗带来的这 50 万秦军，就可以看成是一次因为战争原因而发生的移民。在这之后的魏晋南北朝、宋、明朝末年等几个特殊的历史时期，又因为各种各样的原因而发生了几次大规模的移民。正是在这样的民族交流融合下，宋元以来，广东境内陆续形成了以方言和地域为主要差异的广府、潮汕、客家三大主体民系。下面我们一个一个来认识一下。

广府人，主要居住在珠江三角洲及西江流域。广府人的历史可以追溯到任嚣的这 50 万秦军。广州人是广府人的代表。说到广州，大家一定会想到广州人非常"会吃"，所以才有个说法叫做"食在广州"。早在唐代，广府饮食就以"南烹""南食"的名字而被国人熟知，"吃"在广府文化里占了很大的比重。

茶楼和"饮茶"风俗是广府饮食文化的重要组成部分。广州人喜欢"得闲饮茶""下二厘馆"或者"上茶楼"点个"一盅两件"。"去二厘馆饮餐茶，茶银二厘（每角钱等于 72 厘）不多花。糕饼样样都抵食（便宜，值得吃），最能顶肚（吃得饱）不花假。"是广州人的一句俗语，这是"二厘馆"得名的由来。最早的"二厘馆"卖的都是白粥、油条、糕点等，早餐一般点一盅茶和两件点心就够了，这就是所谓的"一盅两件"。伴随着生活水平的提高，茶馆也慢慢变成了装修讲究的茶楼，去"二厘馆"变成了"上茶楼"。

这种饮茶风俗带出了广府饮食文化的两大特色：一是老字号文化，例如成珠楼、莲香楼、陶陶居、广州酒家等；二是"饮茶"重点不只在于茶，更在于像虾饺、干蒸、凤爪、蒸排骨、萝卜糕这样名目众多的广式点心与小食。

广州人喜欢饮茶，也爱饮汤。广州话里有一个词叫"饮头啖汤"，"头啖汤"就是第一口汤的意思。饮"头啖汤"的人是第一个品尝美味的人，"饮头啖汤"也就引申出了敢为人先之意。在广州人的生活中，煲汤是日常，能在繁忙的工作中抽空回家饮一碗"住家汤"是最幸福不过的事情了。你们家煲得最多的是木棉花猪骨汤，还是排骨莲藕汤呢？

广州人不仅喜欢饮茶、煲汤，生活中还离不开"糖水"和"凉茶"，"糖水"并非"加了糖的水"，而是滋养甜品的统称，陈皮绿豆沙消暑止渴，冰糖雪蛤滋补养颜，姜撞奶驱寒暖身……想想口水都要流下来了呢。

"凉茶铺"卖的不是"凉"的"茶"，也不是冰冷解渴的饮料，更不是用茶叶冲制而成，而是由中草药熬成的。岭南地区自古以来就是烟瘴之地，凉茶可以缓解因为气候和饮食习惯造成的身体不适，并且传说味道越苦效果越好。你还记得小时候被逼着喝下去的一碗碗的凉茶吗？

凉茶铺

金银花　橘皮　罗汉果　仙草　甘草

西关大屋正厅
（黄勇摄）

我们今天所熟悉的这些饮食文化，有很大一部分是在 20 世纪二三十年代的时候发展起来的。那个时候广州的经济发展很快，出现了许多豪门富商，他们一方面带动了餐饮业的发展，另一方面，他们在广州西关地区修建很多别墅，留下了今天广州城内非常有特色的一种建筑——西关大屋。

西关，是老广州人对市中心荔湾区一带的称呼。西关在明清时期就是广州的商贸中心，聚集了许多名门望族、官僚巨贾，他们建起的这些西关大屋一般每座的面积都有 400 平方米，平面布局狭长，这种独特的结构有利于穿堂风的通过，有冬暖夏凉的特点。

满洲窗

角门

硬木大门

趟栊

"趟栊"是一个活动的栅栏，用 13 或 15 条坚硬的圆木条构成，横向开合，故称"趟栊"。

西关大屋的门面装设有矮脚吊扇门（又叫角门）、趟栊、硬木大门三重门扇。

角门和趟栊关上之后，既能保证通风，又能在一定程度上保护隐私，这种构造很适合岭南炎热多雨的气候。

西关大屋最富特色的标志之一是满洲窗。这些正方形的窗格用许多五光十色的玻璃镶嵌而成，工序十分复杂繁琐，当年一个满洲窗就要耗费 15 个工人 10 天的工时才能完成。

泮溪酒家的满洲窗（黄勇摄）

荔湾花市
（黄国祥摄）

在每年春节的时候，这些西关大屋都会被它们的主人用鲜花装饰一新，这就要说到广州地区很重要的一个节日习俗：逛迎春花市。

民国时期的广州花市

广州气候温和湿润，适合各类花卉植物的生长。早在一千多年前的南汉时期，这里就已有不少种花为业的花农，而花市的历史则可以追溯到明代万历年间。到了19世纪中叶，由于广州工商业的发展和市民的休闲需要逐渐增加，像现在这样一年一度在春节来临之前举办的岁暮花市开始出现，最初设在广州市中心地带，规模盛大，游人如潮。

鸿运当头

大吉大利

大多数人买花并不仅仅是为了给家里带来新春气氛，他们买的花都是有吉祥寓意的，比如牡丹代表"花开富贵"，桃花代表"鸿运当头"，金橘代表"大吉大利"，其他花卉则象征"花开灿烂，今年必有好生意"……

花开富贵

在广州过年，还有"卖懒倡勤"的习俗。广州有一首童谣是这样唱的："卖懒，卖懒，卖到年三十晚。"一般在除夕夜的时候，小朋友们会拿着染红的鸡蛋和香，提着灯笼唱"卖懒民谣"，唱到有庙的地方就把香插上，然后回家将鸡蛋送给长辈吃，以求把懒惰都卖掉，新的一年能够勤奋进取。

天河花市（郑迅摄）

广东省博物馆中的工夫茶场景

　　说完广府人，我们来说说潮汕人。潮汕人是从中原到福建再迁徙到广东的。说到潮汕人，大部分人都会首先想到工夫茶。广府人说"得闲饮茶"，潮汕人则说"有闲来食茶"，邀请亲友有空了来喝茶。潮汕人喝的"工夫茶"之"工夫"二字，与"功夫"的意思不同，除了费时间、精力之外，还有精心、周到、细致、讲究的意思。

潮汕工夫茶从茶叶、茶具、冲泡过程到饮用的方式都非常讲究。

首先，需要将茶叶倾在素纸上，分粗细纳入茶壶中，最粗者填于罐底滴口处，细末填塞中层，稍粗的叶子撒在上面，称为"纳茶"。

然后是"候汤"，即等待水煮沸。水有三沸：一沸如鱼目，微微有声；二沸涌如连珠，声如松涛；三沸腾波鼓浪，冲工夫茶以二沸为好。

第三步是冲泡：揭开壶盖，环壶口、沿壶边冲入滚水，水宜高冲，第一次冲泡的茶汤弃而不喝。

然后提壶盖刮去泛于壶口的茶沫，再将盖子盖上，并以滚水遍淋壶上，去外沫、追热，使香味充盈壶中，名为"淋罐"。

将茶冲入杯中之前，还要烫杯，就是把开水注入杯中并不断转动，再把水倒掉。

冲茶时茶壶嘴贴近茶杯，在各个茶杯间轮流均匀冲泡，称为"关公巡城"，剩余的茶滴一滴一滴地在各个杯子中平均分注，叫做"韩信点兵"。

最后一步就是品茶，讲究"杯沿接唇，杯面迎鼻，香味齐到，一啜而尽，三嗅杯底"。

喝茶时再配上潮汕特有的朥饼和腐乳饼，既能解决因为喝茶而造成的饥饿，又能缓解饼食的油腻。

民国年间的潮绣"寿"字上衣

潮汕人的精致，可不仅仅体现在泡茶，还体现在潮绣的制作上。潮绣即潮州刺绣，是中国四大名绣"粤绣"的主要流派，始于唐宋，盛于明清，被誉为刺绣珍品。潮绣的图案设计注重均衡对称，构图饱满、色彩绚丽，喜欢使用金线，所以看起来金碧辉煌、鲜艳夺目。

金漆木雕大神龛

同样出自潮汕地区的精致工艺还有潮州木雕。潮州木雕是我国著名的民间传统木雕流派之一，因为流行于旧潮州府所辖的广大区域，所以叫做"潮州木雕"，又因为大多数潮州木雕都会在雕刻完成后髹涂漆料并贴上金箔，所以又叫做"金漆木雕"。

金漆木雕大神龛局部图

它的艺术特点是饱满繁复、精巧细腻、玲珑剔透、金碧辉煌。在雕刻技法上会用到沉雕、浮雕、通雕、圆雕等等，其中多层镂空通雕的工艺最为复杂，需要在裁整好的木料上做多层平面雕刻，体积深厚丰满，物像层层叠叠，交错穿插，具有玲珑剔透的效果，适合表现人物众多、情节复杂、场面宏大、景物丰富的题材，最能体现潮州木雕的雕刻水平和艺术特色。

清金漆木雕彩漆画菱形馔盒

金漆木雕三牲贡盘

　　潮州木雕在祠堂、庙宇、民居等传统建筑上的应用十分流行，其中以祠堂木雕装饰最为精美。这主要是因为潮汕人善于经商，并由于经商或是其他原因而大量迁居海外，但是他们从未忘却自己的血脉乡情，具有强烈的家族观念和乡里观念，对供奉家族祖先的祠堂建设和相关礼仪活动十分重视。他们归乡建屋，首选的就是重修或新建家族祠堂或庙宇。因此，潮州木雕作品多为祠堂木雕装饰和礼祭用器。

　　无论是祭神还是祭祖，潮汕人的祭礼都是比较隆重的。潮汕人所祭拜的神灵统称为"老爷"，在祭祀的时候会用到一些金漆木雕的祭祀用具，比如三牲贡盘，一般摆放猪、鱼、鸡，俗称"小三牲"，还有用于摆放红桃粿、鼠壳粿、生果（水果）、糕点等祭品的馔盒。潮汕人家的小朋友最期待的就是每月初一、十五可以吃那些拜过"老爷"的零食了。

通过这些祭品，我们也可以看到
潮汕人对于食物的极致追求。在
潮汕人看来，食材必须是新鲜
的，要保留食物的原味，极
少使用调味品；宰杀后的牛
肉要在第一时间送往火锅店，
只为让食客享受到最新鲜的滋
味；牛肉丸要吃手捶的，这样口感
才够爽脆；海鲜最新鲜的吃法就是做成
血蛤、鱼生、虾生，味道才够鲜甜；还有砂锅粥、牛肉粿条、鸭母捻、卤鹅
卤鸭、蚝烙……潮汕人知道，怎么把每一样食材，做成最美味的佳肴，所谓"到
广不到潮，枉费走一遭"，到了广东，不去品尝一把潮汕的美食，可真真是"枉
费走一遭"啊！

　　擦擦口水，我们继续来认识一下客家人。不同于占据了
珠江三角洲和西江流域肥沃土地的广府人，也不同于拥有着
东南沿海得天独厚的环境与资源的潮汕人，客家人来到广东
的时间相对比较晚，只能屈居于"八山一水一分田"的粤东
北地区的大山之中。

　　客家人是中原汉族的一支，由于各种原因逐步南迁进入广东，觉得自己
是客人，所以自称为"客"。

历史上客家人的大规模迁移总共有五次：

最早是在东晋时期，由于五胡乱华，大批中原人南迁到长江流域。**1**

第二次是唐末的黄巢之乱，客家先民继续南下，到达福建、广东、江西交界处，成为第一批客家先民。**2**

第三次迁徙在宋高宗南渡时，大量的移民来到这里，与原先的畲族先民交流融合，最终形成客家民系。**3**

第四次是明末清初，客家人内部人口激增，由于资源有限，大批广东和福建的客家人从客家大本营向外迁徙，最远内迁至广西、四川等地。**4**

总的迁移模式和路线是从北到南、自东到西，从平原到丘陵、山区，沿着河流到核心地区，由国内走向国外，从而散居世界各地。

最后一次是受广东土客大械斗事件和太平天国运动的影响，部分客家人迁移到广东西部和海南岛等地。**5**

客家人迁徙的队伍沿着曲折山道绵延而来，所迁至的地方往往都是荒山野岭，农耕就是他们的生产生活方式，这造就了客家人刻苦耐劳和开拓创新的精神。在这"一分田"里，他们开辟了梯田，改进了水车，开辟出了新的生活，也形成了独特的生活习惯。

　　客家人的生活环境和生活方式共同造就了客家菜"咸、烧、肥、香、熟、陈"六大特点。盐焗鸡、酿豆腐、梅菜扣肉都是客家人的传统菜式。

　　深居山高水冷之地，地湿雾重，所以客家人的食物宜温热、忌寒凉，多用煎炒，形成了"烧、香、熟"的特点。另外，由于住在山区，出门即需爬山，生产条件艰苦，劳动时间长、强度大，需要较多脂肪和盐分补充大量消耗的体能，所以食物必须"咸、肥"，又因为长期迁徙，聚居地区经济发展滞后，生活条件艰苦，客家人学会了就地取材，制备咸菜、菜干、萝卜干等耐吃耐存放的食物，可佐番薯饭并抑胀气，亦可配野菜充饥，这便是客家菜的"陈"。

生活资料的匮乏，让客家人养成了勤俭节约的生活习惯，而一个以农耕文明和聚族而居为背景的族群，承接着传统的荣耀，充满着对新知的渴求，因此，客家人有耕读传家的传统，文坛武场，英才辈出。

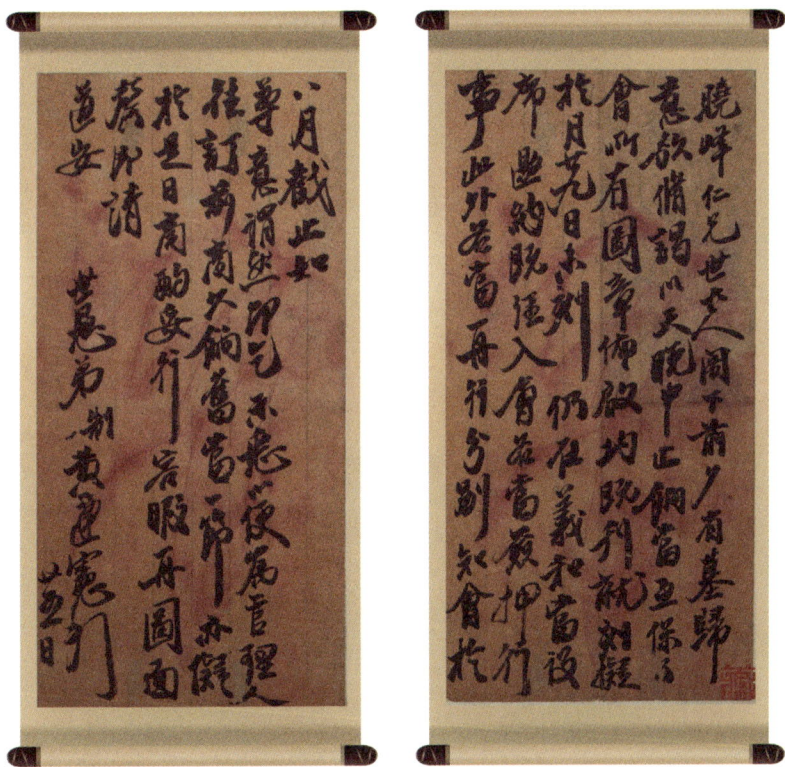

黄遵宪信札

客家人的祠堂也是客家人的学堂，既是供奉先人的地方，也是供奉夫子的地方，梅州学宫、东山书院、兴宁学宫、长乐学宫、龙川学宫……客家地区的众多学堂培养了清代著名教育家和书法家宋湘、近代著名外交家和诗人黄遵宪、现代著名画家林风眠等诸多英才。

林风眠山水轴

高懷見物理

清教殿彝倫

蘭墅二兄

古滇南宋湘

宋湘行书联

接下来，我们来重点了解一下三大民系所使用的的方言。大家在日常生活里有没有听过"广州话""潮汕话""客家话"或者"白话""粤语"这样的词？它们说的就是广东境内的三大汉语方言：粤方言、客家方言和闽方言。

guǎng zhōu huà
广 州 话

cháo shàn huà
潮 汕 话

kè jiā huà
客 家 话

yuè yǔ
粤 语

bái huà
白 话

广府民系多使用粤方言，也就是我们常说的"白话"或者"粤语"。客家民系多使用客家方言，也就是日常听到的"客家话"，在粤东北和粤北的客家人聚居地，很多人都会把客家话作为日常使用的语言。闽方言就是我们平时说的"潮汕话"或"潮州话"，集中分布于粤东南的潮汕民系聚居地，在粤西南的沿海地区也有分布，学者们根据它们的区别，把闽方言分成了潮汕片和雷州片两个次方言。

除了这三个影响力最大的汉语方言，广东境内还有像粤北土话、军话等等使用范围较少的方言，瑶族、畲族等广东境内的少数民族也会使用自己的民族语言。总而言之，广东人使用的语言是非常丰富多样的，分布的范围也由于人员的流动而不断变化，还有一些方言随着广东华侨的步伐而走向了世界各地。

历史的印记：南汉

唐朝灭亡后，中原地区后梁、后唐、后晋、后汉、后周五代相继。中原以外的南北方地区分裂为吴、南唐、吴越、楚、闽、南汉、前蜀、后蜀、南平和北汉十个割据政权。从公元907年朱全忠逼迫唐哀帝禅位，并自立为帝，建立梁朝始，至宋朝建立并统一十国的这一的时期，史称"五代十国"。

五代十国时期，群雄逐鹿，烽烟不绝。公元917年，在偏居一隅的岭南，刘䶮（yǎn）称帝，年号乾亨，国号大越，次年改国号为汉，史称南汉。刘䶮在位期间政事清明，与邻国关系和睦，在乱世中保持了岭南地区的相对安定，也使得经济文化有了发展的空间。

铸造钱币是新王朝建立或新皇登基的一件大事，高祖刘䶮称帝后，下令铸造铜钱，上刻字"乾亨重宝""径七分，重三铢六参"，第二年又铸"乾亨重宝"铅钱，十枚铅钱抵一枚铜钱。南汉所铸造的铅钱是目前发现的我国历史上铸行数量最多的铅钱。

南汉乾亨重宝铜钱

作为岭南第二个封建王国的皇帝，刘䶮和他的继承者们着力建造奢华的宫殿和苑囿，苑囿中鹤立松巅，莺穿花坞，水石幽奇，楼台迥彩。考古工作者在广州市中山四路和中山五路之间发现了南汉的重要遗迹，其中出土了大量精美的砖、瓦、瓦当等物件。

南汉蝴蝶牡丹纹方砖

柱础石是中国传统建筑中用来负荷屋柱的重量的基石。雕十六狮柱础石的覆盆分为上下两层，下层刻覆莲瓣，上层刻16只蹲坐着的健硕狮子。

南汉十六狮柱础石

较之中原无尽的战争，南汉相对安定的社会环境和统治者施行的崇文政策吸引了大批中原人士来到岭南地区避乱。南下的文人把中原文化带到了这片土地，加之南汉的君主也有意吸收中原的优秀文化，这使得南汉在文学、史学、音乐、医学、天文历法方面都有所发展。

光孝寺南汉铁塔（黄勇摄）

岭南地区崇尚佛教已久，南汉时期，统治者对佛教尤为推崇，并在各地修建了不少寺庙。岭南矿产资源丰富，南汉时期，铁、铜、铅的产量都相当高。今天广州的光孝寺里具有唐塔风格的东、西二铁塔铸造于后主刘𬬮大宝年间（958—971年）。西铁塔是后主刘𬬮命人铸造的，现只存三层。东铁塔是龚澄枢与邓氏三十三娘捐铸的，形制仿西铁塔，塔身分七层，高约八米，塔身铸满佛像，四面正中各有一佛龛，供一尊佛像。塔建成时贴金，故又有"涂金千佛塔"之称。

光孝寺南汉铁塔（黄勇摄）

南汉后期，君主昏庸，亲近宦官，国力日下。至宋太祖开宝四年（971年），宋灭南汉，后主刘铱被俘北上，南汉就此湮灭。在南汉五十四年的历史中，以五岭为屏障，采取保境息民、重农崇文、发展工商业的政策，这使得岭南地区在战乱时代中得以缓步发展，在唐宋之际起到承上启下作用。

光孝寺南汉铁塔（黄勇摄）

广东历史上的名人

在广东的历史上，曾涌现出许多的杰出人物，对广东的社会和文化发展做出了很大的贡献，他们的事迹一直到今天都被人铭记和传诵。

首先要给大家介绍的是一位女中豪杰 ——"岭南圣母"冼夫人。她是历史上著名的政治家、军事家和社会活动家，是当时广东高凉俚族冼氏首领的女儿，由于卓越的才能而成为当地部族的大首领。

她生活的年代大约是魏晋南北朝年间的南朝梁、南朝陈和后来的隋朝时期。那个时代政权更迭非常快，社会比较动荡，老百姓很难过上太平的生活，广东境内还时不时有一些人为了各种各样的目的发动叛乱，人民的生活更加没有保障。冼夫人凭借自己的才能和影响力，平定了当时的许多叛乱，保证了人民生活的和平与安定。

冼夫人雕像

除此之外，她还很注重促进广东的少数民族与汉人和睦相处，推广汉人先进的生产技术和制度文化，她嫁给了高凉太守 —— 汉人冯宝，冯氏家族也一度成为粤西地区的名门望族。冯氏后人为了纪念她，在冼夫人的故乡广东茂名电白县，以及其他一些冯氏后人聚居的地方，都在宗族祠堂里设置了冼夫人像进行祭祀。到了隋朝时，由于冼夫人功勋卓著，隋文帝将她册封为"谯国夫人"，官居一品。在这之后，历朝历代都对她进行了多次的追封并进行官方祭祀，以表彰她"保境安民"的功绩。

　　冼夫人的功绩不仅得到了家族成员和朝廷的认可，很多跟她非亲非故的百姓也非常感激她为自己带来较为和平安定的生活，久而久之，对冼夫人的崇拜从家族内部的祖先崇拜发展成了今天粤西和海南地区流行的冼夫人崇拜，冼夫人也从真实的历史人物衍变为寄托着大家对美好生活的向往的地方神灵。

冼夫人雕像

广州光孝路 109 号，岭南古刹光孝寺坐落于此。寺内菩提枝繁叶茂，影子映到了一座八角形七层砖塔上。这座看似寻常的塔，名叫"瘗发塔"。这个名字从何而来呢？

瘗，是埋葬的意思。原来塔里面掩埋的，是一位僧人剃度时的头发。而这位僧人，正是被奉为禅宗六祖的惠能禅师。唐仪凤元年（676 年），光孝寺还名为法性寺，惠能在僧众的辩论中，脱口一句"非风动，非幡动，仁者心动"，印宗法师为之叹服，亲自为其剃度授戒。惠能从此正式成为禅宗祖师，在菩提树下开坛讲法。

六祖惠能是如何踏上了寻求佛法真意的道路？回溯源起，惠能俗姓卢，祖籍河北范阳（今河北省涿州市），其父卢行瑫为官时得罪权贵，被贬岭南，随后便在新州（今广东省云浮市新兴县）成家，并于唐贞观十二年（638 年）生下惠能。但惠能三岁时，父亲病逝，只能与母亲相依为命，砍柴为生。

艰难生活并未妨碍惠能的向佛之心，他常向僧人请教佛法问题，并在一次听人诵念《金刚经》时开悟，立志研习佛法，于是唐龙朔元年（661 年），24 岁的惠能辞别家人，一路北上，先后跟随无尽藏尼诵《大涅槃经》，在宝林寺暂住，到乐昌随智远禅师坐禅，听慧纪禅师讲《投陀经》。在经过一番学习和积累后，惠能决定继续前往湖北黄梅，向五祖弘忍学法。

广州光孝寺的瘗发塔

广州六榕寺内的六祖惠能雕像

当时，弘忍问眼前的惠能来自哪里，所求为何。惠能说自己来自岭南新州，"唯求法作佛"。弘忍有心考验，说岭南人是獦獠，没有佛性又如何成佛？惠能便说：人有南北，佛性不分南北，獦獠身虽然与和尚身不同，但佛性是没有分别的。这番回答得到弘忍赞赏，于是同意惠能在寺中劳作修行。

一日，弘忍要求众弟子各作佛偈一首，以寻找可以托付衣钵的传人。其中，神秀做的佛偈受到众人称赞，"身是菩提树，心如明镜台。时时勤拂拭，莫使惹尘埃"，但弘忍心中并不满意。此时惠能也请人把他的佛偈写了出来："菩提本无树，明镜亦非台。本来无一物，何处惹尘埃。"弘忍就此认定由惠能继承禅宗祖位，密授佛法及衣钵，并让其连夜离开。

惠能躲过东山门人追寻，逃回岭南，先是在曲江宝林寺（今韶关南华寺）暂时隐避，后又逃至四会、怀集一带藏身多年，直到唐仪凤元年（676 年）来到广州法性寺。惠能又在授戒翌年回到宝林寺，开始了近四十年的弘法生涯。

禅宗在五祖之后，出现了以惠能为代表的南宗和以神秀为代表的北宗，前者主张顿悟，后者主张渐修，影响大过南宗。但在惠能弟子的宣传与推动下，贞元十二年（796 年），朝廷认定了惠能为禅宗六祖及南禅的正统地位。六祖惠能的另一位弟子法海则将惠能口述教义及言行整理为《六祖坛经》，成为佛教唯一由僧人所著而被奉为"经"的典籍，从此成为禅宗经典，影响延及海外。

北宋庆历六年木雕罗汉像
（广东省博物馆藏）

六祖惠能的禅宗思想有何独特之处，竟得以逐步取代北宗，使其再无分庭抗礼的能力？纵观六祖惠能学说，他提倡"识心见性"，认为"一切众生皆有佛性"，佛在心中，人人皆有佛性，因此人人皆可成佛。而如何修行成佛？六祖惠能主张"悟"，即顿悟的刹那"明心见性"，获得对本性、佛法的彻底见识，"不悟即佛是众生，一念悟时，众生是佛"。六祖惠能的修行方式使得普罗大众皆可学习佛法，因此支持者及影响力与日俱增。

被后世尊奉为中国禅宗祖师的六祖惠能，在生命即将结束前回到了家乡新州，最终于开元元年（713年），以75岁高龄在新州国恩寺坐化圆寂，人们形容他当时的面容"如入禅定"。六祖惠能圆寂之后，人们运用夹纻法，将其真身供奉在了宝林寺。

宝林寺后改名南华寺，成为岭南地区久负盛名的佛教寺院。广东省博物馆馆藏的数件北宋木雕彩绘罗汉像，便是庆历六年（1046年）在广州打造好运送至南华寺供养的，由此可见其香火鼎盛。

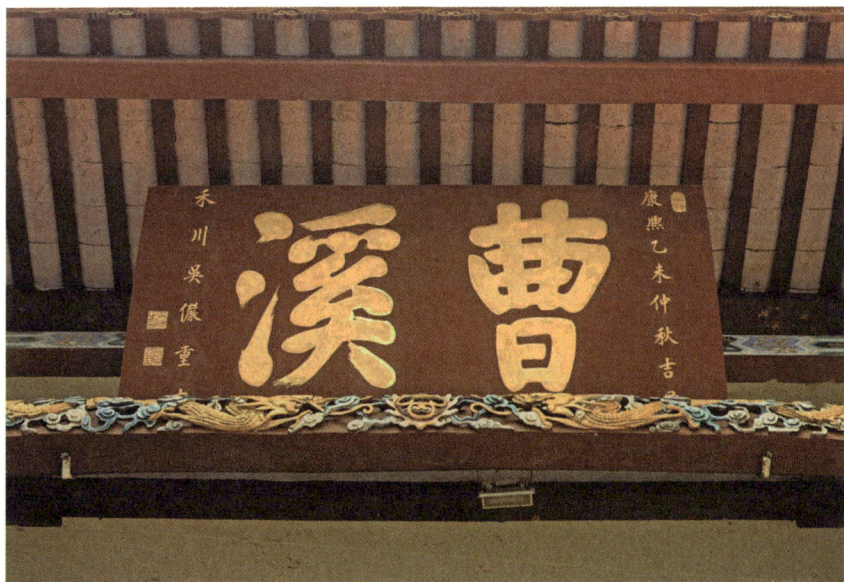

韶关南华寺的"曹溪"匾额

今日，在山林环抱中的韶关南华寺，我们还能亲身感受到千年前禅宗祖师的庄严。当你恭身凝视六祖真身时，可曾感到菩提叶间的清风有从你的心上拂过？

广东自秦汉以来受到中原地区儒家思想的影响，广东本土形成一个非常重要的学派 —— 明代的"江门学派"。

明陈献章肖像轴

湛若水像

江门学派是明代一个儒家学派，陈献章是江门学派的创始人。他是广东新会白沙里人，被世人称为"白沙先生"，所以江门学派有时候也叫"白沙学派"。陈献章一生都专注于讲学和著述，推崇学习要敢于提出疑问、要独立思考，提倡自由开放的学风，造就了一批岭南儒学名家。为表彰陈献章在学术上的重大贡献，万历十三年（1585 年），明神宗诏令从祀孔庙。在广东历史人物中，唯有陈献章享此殊荣，故有"岭南一人"之誉。

茅龙笔

　　陈献章不仅是个学者，还是一位很厉害的书法家。茅龙笔是陈献章晚年时采集茅草做出来的一种笔，用它写出来的书法行笔特别矫健而且神态飞动，在中国书法界有着重要的地位。

　　在他培养的弟子里，有一位名叫湛若水，最具有代表性。他是增城人，继承了老师的衣钵，一边游历各地一边讲学，走到哪里都会兴建书院来纪念自己的老师陈献章，一共创办了书院 40 多所，有弟子近 4000 人，让岭南地区的书院呈现蓬勃发展的势头。江门学派对王阳明心学及其"姚江学派"的形成有重大影响。

东莞市袁崇焕纪念园
（王曼琳摄）

五载离家别路悠，送君寒浸宝刀头，欲知肺腑同生死，何用安危问去留。
杖策只因图雪耻，横戈原不为封侯，故园亲侣如相问，愧我边尘尚未收。

——明·袁崇焕《边中送别》

袁崇焕像

袁崇焕，字元素，号自如，广东东莞水南人，明朝末期著名的抗金名将、伟大的爱国英雄。官至兵部尚书兼右副督御史、督师蓟辽，加太子太保。在国家危难之时，他毅然投笔从戎，扛起了保家卫国的重任，指挥明军对抗以骁勇著称的后金铁骑，取得了宁远大捷、宁锦大捷以及京城保卫战的胜利，成为了大明王朝最后一道万里长城，被誉为"大明一柱"。

袁崇焕应该是大家比较熟悉的一位广东历史名人，他以杰出的军事才能和保家卫国的英雄事迹而名垂青史，可是有多少人知道，这位骁勇武将的仕途之路其实是从一名小小的文官开始的呢？

袁崇焕出生在广东东莞水南村，自小受到了东莞尚文崇武之风的影响，十分勤奋好学，并立志长大之后要报效国家。1619 年，袁崇焕经历了五次科举后终于考中了进士，第二年就被委派到了福建邵武县担任知县。虽然知县只是一个七品芝麻小官，袁崇焕却干得有声有色，他不仅常常在民间走访、体察民情，为百姓翻查冤案，甚至在百姓的房屋失火时，还亲自登上屋顶与百姓们一起救火，这些作为使得袁崇焕深受邵武人民的敬重。深感恩德的邵武百姓邀请袁崇焕去为一座新建的宝塔题名，袁崇焕大笔一挥，写下了"聚奎塔"三个遒劲有力的大字。"聚奎"是什么意思呢？"奎"指的是人才，"聚奎"就是希望招揽有识之士为朝廷效力的意思。原来，袁崇焕在为官之余，还经常去结交一些有识之士和退伍的老兵，向他们了解边关的战局、请教作战的兵法，他的心中一直燃烧着一团驰骋疆场、收复失地的熊熊火焰。

聚奎塔，位于今福建邵武市和平镇天符山上；"文革"期间，当地的百姓为了保护聚奎塔免遭红卫兵摧毁，便在袁崇焕所题的《聚奎塔》匾额上抹上石灰浆，又题上"延安宝塔"四个大字，才使此塔得以保存至今，1992年，当地政府重修该塔，抹去匾额上所覆灰浆，现出原匾，才使得袁崇焕的墨宝真迹不至于湮灭。

聚奎塔

　　而此时，明朝的边境形势确实令人十分担忧。当时正处在明神宗执政后期，朝廷上党争激烈、明神宗长期不上朝理政，使得明朝边务废弛、军队战斗力锐减，加上此前两次朝鲜之役使得国力消耗巨大，这让偏居东北的建州女真有了可乘之机。1619年，努尔哈赤起兵攻打明朝。在后金铁骑的迅猛攻势下，明军节节败退，不到四年时间，整个辽东地区已经全部被努尔哈赤攻陷，明军已经无局可守，关外局势空前严峻。

　　1622年，袁崇焕决定趁着到北京朝觐的机会，单枪匹马前往辽东巡视边关战情。回朝后，他说了这么一句话："给我兵、马、钱、谷，我一个人就能戍守边关。"一个小小的知县说出如此豪言壮语，令朝臣们咋舌。后来，经过层层考查和推荐，袁崇焕的才能得到了肯定，被破格提升到兵部任职，完成了从文官到武将的转折。这一年，他已经39岁了，可以说是大器晚成。

　　从长远来看，因为这个小小的文官在危难之时挺身而出，明朝的历史被短暂地改写了。

　　1626 年，努尔哈赤率领六万铁骑攻打宁远，而戍守在宁远城内的军队人数不足两万人，虽然从军队的规模上看，双方实力悬殊巨大，但袁崇焕却早有准备：袁崇焕刚到辽东不久，就发觉了宁远的重要战略地位，于是向朝廷提议营筑宁远，将原有的宁远城墙加高加固，修成了一座坚固的城堡；然后又将当时最先进的火器红夷大炮架设在城墙上；再让士兵们在城外深挖战壕。当努尔哈赤率领着以骑射著称的后金铁骑来到城下时，却见城墙高大坚固，城外壕沟纵深，城上火炮势猛如雨，八旗官兵不仅难以发挥骑射优势，而且在炮火猛攻下血肉横飞，尸积如山。攻城战进行了整整三天，后金军只在城墙的薄弱处凿开了一个洞，但很快就被袁崇焕率领全城军民给堵上了。后金不止攻城不破，还伤亡惨重，不得不鸣金收兵。

宁远古城

　　宁远大捷是明军多年来所打的第一场胜战，同时也是努尔哈赤征战四十四年来所打的第一场败战，随后，袁崇焕又指挥明军取得了宁锦大捷和京城保卫战的胜利，辽东败局得以扭转，明朝的危机也得到了缓解。但后金因为在征战路上多次受到袁崇焕的阻挡，于是设下"反间计"企图构陷袁崇焕。1630年初，崇祯皇帝误中奸计，数罪并罚，将袁崇焕下狱。

　　袁崇焕一生为国为民、勇于担当、不谋私利，甚至在遭受排挤辞官后也从未心生嫌隙，仍旧在战情危急时毅然奔赴边疆，他曾用诗句表达他的爱国情怀："杖策只因图雪耻，横戈原不为封侯。"在他入狱后，不少朝臣们纷纷上书为他求情，然而崇祯皇帝不为所动，仍旧下令将袁崇焕押赴刑场。面对刽子手的屠刀，袁崇焕面无惧色，旁人听到他口中还念着这么一首诗："一生事业总成空，半世功名在梦中。死后不愁无勇将，终魂依旧守辽东。"生死关头，他心中还牵挂着国家和人民的安危，希望有勇将代替他继续戍守辽东、完成保家卫国的大业。

明崇祯三年（1630 年）八月，袁崇焕含冤去世，一代护国名将就此陨落，失去了最后一道万里长城的大明王朝在内忧外患中又苦苦挣扎了十四年，终于随着崇祯皇帝自尽而一道消亡了。

宁远城上的红夷大炮

红夷大炮，它的原型是欧洲在 1600 年前后制造的舰用长炮，明代后期传入中国，红夷大炮在设计上与当时明朝本国拥有的火炮相比，有很多优点，炮管长，管壁厚，口径大，整体形状从炮口到炮尾逐渐加粗，符合火药燃烧时膛压由高到低的原理。在炮身的重心处两侧有圆柱型的炮耳，火炮以此为轴可以调节射角，配合火药用量改变射程；设有准星和照门，依照抛物线来计算弹道，精度很高。多数的红夷大炮长在 3 米左右，口径 110—130 毫米，重量在 1 吨以上。当时，所有类似设计的火炮都被中国统称为红夷大炮，也称红衣大炮。宁远大战中，袁崇焕架设了 10 门红夷大炮在宁远城上，靠着猛烈的火炮攻势，力退强敌，这也是我国历史上首次将红夷大炮运用在战争中的记载。

到了明末清初，广东出了三位非常著名的文人：屈大均、梁佩兰和陈恭尹。他们都是杰出的诗人，被称为"岭南三大家"，其中知名度最高的是屈大均。

屈大均是番禺人，不仅诗写得好，在绘画、书法领域也是成就卓著。此外，他还善于观察广东的自然景观和风俗民情，并编写出了一本"广东大百科"——《广东新语》。这本书记录了当时天文地理、经济风物、人物风俗，对于我们现在了解那个时代的生活和文学都有很重要的作用。

虽然广东地区在历朝历代都凭借独特的地理位置获得了发展的机遇，但是在过去很长一段时间里，对于中原王朝而言，岭南是未开化的蛮荒之地。为了惩戒犯错的官员，这里成为许多朝代的官员贬谪和流放之地，广东也出现了独特的"贬官文化"。

· 清屈大均先生像拓片
· 《广东新语》

贬官，是对官员的行政处罚，大多是京官贬至荒远地的州县官。虽然官员的身份保持不变，但对于他们而言，从京城流落到蛮荒之地，心理落差是巨大的。除却不得志的愤懑和被抛至异乡的愁苦，岭南的鳄鱼之患、与北方迥然的气候和因之滋生的毒虫毒草都让被贬至此地的官员心生恐惧。

一封朝奏九重天，夕贬潮州路八千。欲为圣朝除弊事，肯将衰朽惜残年。
云横秦岭家何在，雪拥蓝关马不前。知汝远来应有意，好收吾骨瘴江边。

——唐·韩愈《左迁至蓝关示侄孙湘》

韩愈，字退之，唐代杰出的文学家、思想家、政治家，唐宋八大家之首。唐宪宗元和十四年（819年），时任监察御史的韩愈因反对迎佛骨而触怒皇帝，被贬为潮州刺史。心灰意冷的韩愈恐自己将身死他乡，在给侄孙韩湘的诗中直言"好收吾骨瘴江边"。

尽管如此，韩愈还是履行了他作为潮州刺史的职责。初到潮州的韩愈听闻百姓为恶溪中的鳄鱼所苦，鳄鱼几乎把人们养殖的水产食尽，引得民间怨声载道。数日后，韩愈命下属以猪、羊为祭，自己于恶溪边念诵祭文以驱赶鳄鱼。他与鳄鱼立下约定，命它们三天内迁往大海，三天不行则五天，五天不行则七天，若七天后还不离开，则是鳄鱼冥顽不灵，自己将训练百姓使用强弓毒箭把鳄鱼射杀殆尽。据《新唐书》所载，当天日落后就下起暴雨，等到水干涸以后，鳄鱼西迁，从此潮州再无鳄鱼之患。虽然驱鳄的方法颇具神道色彩，史书中所述的成效也未必真实，但韩愈的这次祭鳄无疑给予了当地百姓信心。

清韩愈像拓片

清乾隆中期的潮州"七贤进京考试"屏风窗花

韩文公祠

　　韩愈发现潮州的教育也荒废已久，百十年间没有科举高中的人，民众也不知礼乐，于是决意兴学。他举荐人才为师，还捐出自己的俸禄作为支持。韩愈重视教育的理念延续至今，在潮州艺术作品中，"七贤进京"的故事是人们喜闻乐见的题材。它把潮州历史上不同时期科举登第、进京为官的七位乡贤的故事融合浓缩在一起，寓海滨邹鲁连科登甲之意。

　　韩愈一生曾两次被贬广东，分别任连州阳山县令和潮州刺史，在任期间，他心怀百姓，振兴教育。为了纪念他，潮州笔架山改名韩山，恶溪改名韩江。千百年来，潮州人把韩愈尊为"吾潮导师"。

海天杀气薄，蛮军步伍嚣。林红叶尽变，原黑草初烧。
围合繁钲息，禽兴大斾摇。张罗依道口，嗾犬上山腰。
猜鹰虑奋迅，惊鹿时踽跳。瘴云四面起，腊雪半空消。
箭头馀鹄血，鞍傍见雉翘。日暮还城邑，金笳发丽谯。
——唐·刘禹锡《连州腊日观莫徭猎西山》

刘禹锡，字梦得，出身官宦世家，自小受到非常好的教育，极为聪慧，少年时便因才华横溢而在地方上小有名气，又因为儒学和家风的熏陶而一直怀有济世报国的进取心。

　　唐德宗贞元九年（793年），21岁的刘禹锡考中进士，不久又通过了博学宏词科和吏部取士科的考试，年纪轻轻便"连登三科"，成为政坛上一颗冉冉升起的新星。在考取进士的时候，他认识了一生的挚友柳宗元，而在后来担任监察御史期间，还跟韩愈成为同事和好友，且由于他是少年成名，所以在步入仕途之后，很多文人都愿意与他结交，他跟很多同朝为官的名人都有往来，比如元稹、白居易等，白居易还称赞刘禹锡为"诗豪"。

　　在那个时代，唐王朝经历了安史之乱的劫难，地方上的节度使大权在握，各自为政，朝中又有宦官和朝臣互相勾结，结党营私，互相攻击，唐德宗也无心理政，贪图享乐，百姓的生活过得很苦。刘禹锡、柳宗元等一批年轻的朝臣看在眼里，急在心里，非常想要改变这种情形，但是皇帝不作为，他们也没有办法。

公元 805 年春，唐德宗去世，太子李诵即位成为唐顺宗，刘禹锡等人终于在顺宗的支持下实施了一系列改革，比如削弱地方藩镇，惩处贪暴，选用贤能的人进入朝廷做官，减免赋税等，希望减轻百姓的负担，肃清朝中的风气，受到了许多人的拥戴。但是没过多久，推行改革新政的骨干成员之间出现了意见分歧，在新政中利益受损的藩镇势力、宦官和保守官僚们又在不断找机会反扑，改革最主要的支持者唐顺宗又因为身体疾病一直不能正常治理国家，最终在半年后禅位给了太子李纯，即唐宪宗。

失去了支持的新政最终没有能够继续推行，革新派骨干也纷纷被治罪。刘禹锡在这次事件之后被贬到了朗州，也就是今天的湖南常德，开始了他人生中"二十三年弃置身"的颠沛流离。原本人生顺遂、春风得意的青年才俊在大展宏图之际突然遭遇这样的变故，可想而知刘禹锡的内心是多么苦闷。

刘禹锡关心百姓图像

刘禹锡在朗州度过了近十年灰暗的光阴，才终于等到了让他回都城长安的诏命，一同被召回的还有当时一起参与革新的柳宗元等人。他们一起回到长安，等待朝廷的新任命。初春时节，听说玄都观新栽种的桃花开得正好，大家便相约去游玩，刘禹锡还为此写了一首诗："紫陌红尘拂面来，无人不道看花回。玄都观里桃千树，尽是刘郎去后栽。"

刘禹锡雕像

刘禹锡像

　　谁知道，这首诗又给刘禹锡惹了祸。朝中别有用心的人认为这首诗隐含着刘禹锡对于被贬朗州近十年的怨恨不满，不能让他留在朝中，以免又掀起什么风浪。刘禹锡因此再次被贬，这次是让他去连州当刺史，连州就是今天广东的连州。

　　连州刺史这个职务就是连州地方的最高长官。虽然刘禹锡被贬连州是对他的又一次沉重打击，但是他并没有因此沉沦，在连州期间尽心尽力地为百姓生活奔走，提升当地教育水平，提携后辈，深得民心。他考察当地的民风民俗，包括当地瑶族人（当时称为"莫徭"）别具特色的风俗习惯，写下了《莫徭歌》《连州腊日观莫徭猎西山》等诗词记录他的所见所感，其中一些诗词今天仍在连州地方传唱。为了纪念刘禹锡对连州的贡献，在今天的连州建有刘禹锡纪念馆和刘公祠。

北宋一朝，内忧外患不断，改革变法、实行新政势在必行。对新政的政见不一而引发的争论逐渐演变成新旧两党之争，并愈演愈烈。这对北宋的国运影响颇深，士大夫也不免被卷入这场洪流。宋哲宗元祐八年（1093年），垂帘的太皇太后崩逝，哲宗亲政，有意恢复"新法"，而后包括苏轼在内的反对变法一派的元祐党人陆续遭到贬斥。宋哲宗绍圣元年（1094），年近六旬的东坡被贬谪到广东惠州。

苏轼，字子瞻，号东坡居士，北宋著名文学家、书法家、画家，唐宋八大家之一，一生留下诸多与美食有关的故事。

岭南虽烟瘴弥漫，然而丰盛的瓜果是自然馈赠给这片土地的礼物。绍圣二年（1095年）四月，第一次尝到荔枝的苏轼写下《四月十一日初食荔枝》，对其不吝赞美之词，称荔枝在水果中无与伦比，唯有江珧柱和河豚腹下的肥肉能与之媲美。到了次年荔枝成熟时，他又写下了《食荔枝》，"日啖荔枝三百颗，不辞长作岭南人"二句与他苦中作乐的生活态度千古流传。

苏轼到惠州以后，推广秧马、改进农具、捐款筑桥、整修西湖，为百姓做了许多实事，有诗赞曰"一自坡公谪南海，天下不敢轻惠州"。

罗浮山下四时春，卢橘杨梅次第新。日啖荔枝三百颗，不辞长作岭南人。
——北宋·苏轼《惠州一绝／食荔枝》

清左雄《东坡赏荔图轴》

绍圣四年（1097年），苏轼再度被贬，这一次他将启程前往海南。途中，他得到弟弟苏辙被贬雷州的消息，听闻弟弟行至藤州，苏轼即刻前往与之相会，并寄诗劝慰他，说海南与雷州虽隔着海峡，但彼此还能遥遥相望，又以"平生学道真实意，岂与穷达俱存亡"勉之。海南的条件更为艰苦，食物短缺，没有药物，甚至最初居住的官屋也是漏雨的。然而苏轼最是个"乐天派"，食芋、著书，和当地居民交朋友。如他所言"吾上可陪玉皇大帝，下可陪卑田院乞儿。眼前见天下无一个不好人"。与百姓的接触使得苏轼更加真切地同情、体恤他们的疾苦，竭力改善民生。

　　元符三年（1100年）宋哲宗驾崩，徽宗即位并大赦天下，原以为自己将终老于岭南的苏轼获赦北归。到了广州，苏轼应程怀立之邀，游净慧寺。寺中有六棵榕树郁郁苍苍，似有禅意。苏轼是佛教徒，天真豁达、善于思辨的本性和佛学的浸染，让他在颠沛流离的宦海生涯中始终能够自守。他提笔写下"六榕"二字，落款"眉山轼题并书"，后来净慧寺更名六榕寺。在今天的六榕寺，我们已经无法寻得当年苏轼所见的六棵榕树了。寺院的大门上有一副楹联，下联为"六榕无树记东坡"。

　　公心如玉，焚而不灰。无论被弃至何种境地，苏轼始终怀有赤子之心，不移其志。正如王国维先生所说："苟无文学之天才，其人格亦自足千古。"这也许就是千百年后，人们依然敬他爱他的原因吧。

因直言上疏而遭到贬谪的官员，历来有之，在明代也不少见。

原来姹紫嫣红开遍，似这般都付与断井颓垣。
良辰美景奈何天，赏心乐事谁家院？
——明·汤显祖《牡丹亭》

汤显祖，字义仍，号海若，别号若士，是明代杰出的戏曲家、文学家。他的"临川四梦"（《紫钗记》《牡丹亭》《南柯记》《邯郸记》）达到了同时代戏剧创作水平的高峰。

明中晚期，政治腐败，朝局动荡。明神宗万历十九年（1591 年），时任南京礼部主事的汤显祖不满权臣弄权舞弊、阻塞言路，上《论辅臣科臣疏》弹劾以首辅申时行为首的一批官员。他在奏疏中直言在万历皇帝当政的近二十年中，由于首辅弄权、结党营私，朝堂风气败坏。实际上这也间接批评了皇帝。万历皇帝震怒，将汤显祖贬谪到遥远的广东徐闻县做没有品级的典史添注。

这年五月，汤显祖从南京回到自己的家乡江西临川，因身患疟疾而一病不起。到了秋天，大病初愈的汤显祖开始启程前往徐闻。汤显祖早已对罗浮山心驰神往，此一行正好可以饱览岭南的灵山秀水。加之路途中又有朋友照应，所以虽被贬谪，他并无十分消极惆怅的情绪。

从临川出发往南，过了江西大余和广东南雄交界处的大庾岭就到岭南了。岭上的梅关是古时南北通融的官道，因岭上多梅花，故而得名。从南雄乘船走水路南下，途经英德、清远等地，到达广州后，汤显祖特地绕道一探罗浮。罗浮山位于广东惠州博罗县，是道教的洞天福地之一，历来有不少神话传说。登上罗浮山飞云顶的汤显祖放眼远眺，只见四周云气缭绕，如临仙境。山上的梅树也时常漾起汤显祖的遐思。一天夜里，汤显祖于观中小酌，夜色入户，梅枝横斜弄影，他只盼着"梅花须放早，欲梦美人来"。此行中，澳门的教堂建筑、传教士带来的番宝以及先进的技术也开拓了汤显祖的眼界。

十一月，汤显祖到达徐闻。典史添注是俸禄微薄的闲差，汤显祖开始在这里讲学。为了让当地穷苦孩子能够读书，汤显祖主持修建贵生书院。"贵生"是汤显祖的教育主张，人应自尊、贵生，不能自轻自贱。此后，贵生书院一直保留着，直到清末科举考试废除为止。

第二年春天，汤显祖就接到了被调往浙江遂昌任县令的朝廷诏书。他自言"秋去春归，有似旧巢之燕"。虽然在岭南停留的时间短暂，但岭南的风物已深深镌刻在汤显祖心中，影响了他以后的戏曲创作。

汤显祖雕像

中国四大古典戏曲之一的《牡丹亭》是以话本《杜丽娘慕色还魂》为蓝本创作的，讲述了千金小姐杜丽娘游园伤怀，于梦中与穷秀才柳梦梅相爱，因而相思成疾，为情而死，后又因情复生，与高中状元的柳梦梅终成眷属的故事。在故事中，我们不难发现汤显祖岭南之行的痕迹：

晓来望断梅关，宿妆残。 ——《牡丹亭·惊梦》

小生姓柳，名梦梅，表字春卿。原系唐朝柳州司马柳宗元之后，留家岭南。 ——《牡丹亭·言怀》

我广南有明月珠，珊瑚树。 ——《牡丹亭·谒遇》

在以程朱理学为正统的时代，汤显祖的《牡丹亭》突破禁欲主义，肯定了人的自由与觉醒和对情感的大胆追求，对当时以及后世的社会思潮和戏曲创作都产生了重要的影响。《牡丹亭》是案头及场上兼美的佳作，自诞生至今，无数人为其魅力所倾倒。

阮元雕像

阮元，字伯元，号云台（或作芸台），又号雷塘庵主等，谥号文达。

"旧传有贾胡自异域负其国之镇珠，逃至五羊。国人重载金宝坚赎以归。既至半道海上，珠复走还，径入石下，竟不可见。至今此石往往有光夜发，疑为此珠之祥。"在《广东通志》中记录了一则关于昔日广州的地标之——"海珠石（走珠石）"的奇异传说。《广东通志》成书于明代，后又经多次纂修，它对广东的气候、山川、风俗、人物和艺术文化等方面都进行了详实的记录。清代嘉庆年间，重刊《广东通志》的巨大文化工程由阮元主持。阮元少年早达，为三朝元老，身居高位，同时兼为学者，是难得的全才。一起看看他传奇的一生吧！

阮氏一脉自元代末年以来，以武功显赫，家族中多武举、武进士出身。阮元的祖父阮玉堂是位儒将，曾屡建战功。到父辈时，家道已中落，父亲阮承信是个国子监生，生活清贫。在阮元六岁入私塾前，父母是他的启蒙老师，悉心教他读书写字和谨言慎行的为人之道。

乾隆五十四年（1789年），26岁的阮元考中进士，开始了他的仕进之路。在往后的近五十年里，他历仕乾隆、嘉庆和道光三朝，先后出任浙江、江西、河南等省巡抚以及湖广、两广、云贵总督，在所到之处兴利除弊，做了许多实事。

嘉庆二十二年（1817年），阮元调任两广总督，到任之后，他就表现出在政治上的高瞻远瞩，建大黄滘、大虎山炮台，分兵驻守，以防夷患。在广东就任的九年期间，阮元先后又兼任广东巡抚、粤海关监督等职位，大力整顿海防，训练军队，在抵制殖民者的霸道行径和严禁鸦片等方面都有所作为。

一次，有艘英国护货兵船停靠在伶仃外洋，与当地百姓发生纠纷，造成死伤，英方推诿，不肯交出凶徒，阮元于是切断了与他们的贸易往来，直到数月后，英方查处凶手，才重新开放贸易。在阮元任期里，刚柔并济的外交之道使得外国兵船都不敢侵扰广东。《粤东绅士公请前两广总督太傅阮文达公入祀名宦祠启》称赞他"驭夷有道，成见不存"，使万里波恬，造福百姓。阮元还是中国禁烟运动的先行者，他上奏皇帝请求禁止鸦片，不允许携带鸦片的洋船进入中国，并对违禁的行商严惩不贷。

清代端石阮元铭砚
（广东省博物馆藏）

　　砚背刻有阮元的隶书铭文，下刻"阮元印"。麻子坑石。砚背有阮元的铭文：自有天然砚，山林景可嘉。诗题桐叶茂，笔点石阑斜。亚字非无用，端溪不必夸。鼠须滋雨露，麟角染泥沙。力定千军扫，毫成五色华。管城殊落纸，手腕直生花。屈曲云烟缀，回环翰墨加。杜公佳句在，珍重碧笼纱。嘉庆七年（1802年）凉秋月，阮元。阮元印（印）。

清代乾隆以后，封建统治盛极而衰，学术文化由繁荣趋于分化蜕变，大批文人学者潜心于经史研究。在长期的仕途生涯中，阮元仍然不废学问，笔耕不辍。自幼就受到良好的传统文化与学术的熏染，又受到前辈学者影响的阮元，秉承实事求是、经世致用的宗旨，撰写了大量著作。他在经学、史学、金石、书画、天文历算等方面都有着相当的造诣。到广东不久，阮元开始着手主持重修《广东通志》。其体例架构完善、记载详实，对研究广东的地方史具有很高的史料价值，后人称其为《阮通志》。

"知人若水镜"是龚自珍对阮元的评价。阮元不仅博学广识，著述宏富，还致力于兴学和提拔人才，尤其嘉奖那些能解经义和擅长古今体诗的人。在广东做官时，阮元建立书院学海堂，并刊刻书籍。书院的教育注重训诂和考据，专勉实学，不仅使考据学有效地渗透进书院之中，扭转了广东的学术风气，也培养了大批有学之士。

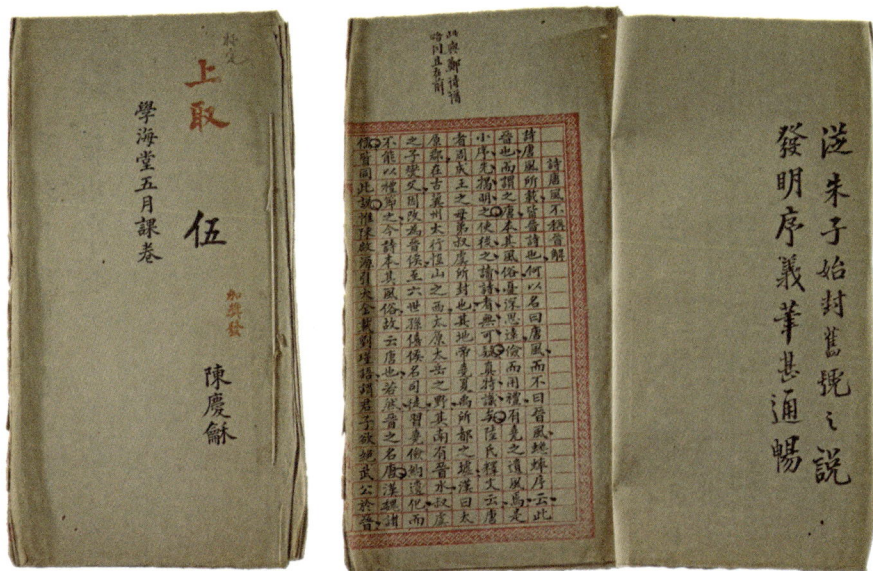

清学海堂陈庆和五月课卷
（广东省博物馆藏）

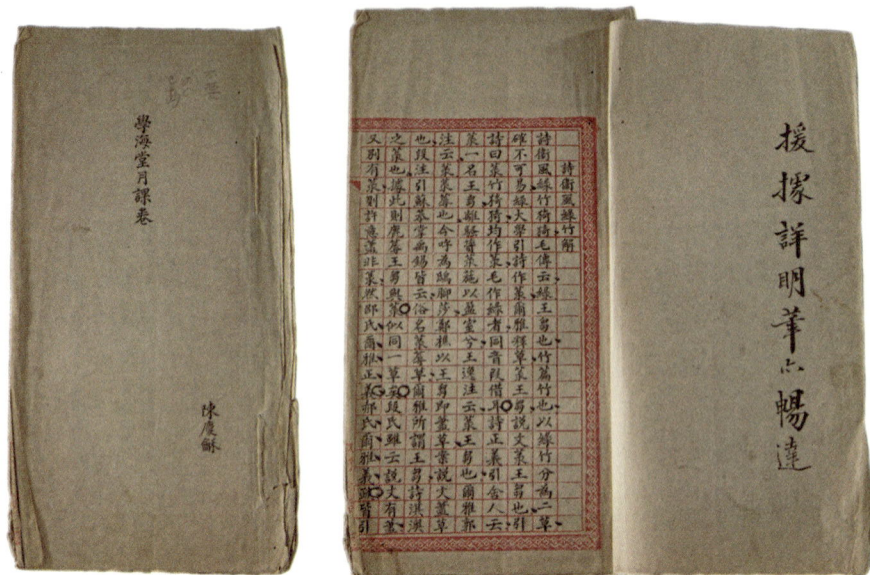

清学海堂陈庆和月课卷
（广东省博物馆藏）

两广总督阮元于 1820 年在广州创办学海堂。1840 年，陈澧出任学海堂学长。清嘉庆以前，广州的很多书籍都要从外地运来。自阮元设立学海堂，定下"课士刻书"计划后，广州官刻、私刻、坊刻、社团刻蔚然成风，"广版"图书闻名全国。

道光十八年（1838 年）秋天，75 岁的阮元告老还乡，晋加太子太保，83 岁又晋加太傅，获准重赴鹿鸣宴。《清史稿》称阮元"极三朝之宠遇，为一代之完人"。

南粤古驿道

有句俗语说得好："要想富，先修路。"道路是区域交流的重要媒介。从秦汉以来的两千多年里，正是广东地区四通八达的陆路和水路交通，让所有的经济和文化交流成为可能。广东境内所有这些道路，无论是官方开辟的还是民间路径，都被统称为南粤古驿道。

波斯鎏金器
南朝
（广东省博物馆藏）

兽面纹青铜盉
西周
（广东省博物馆藏）

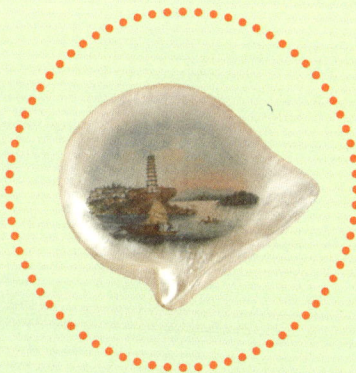

珍珠母水粉画
19世纪
（广东省博物馆藏）

红漆描金孔雀开屏茶叶盒
清代
（广东省博物馆藏）

南北通融
南粤古驿道展览

这些道路里有自然形成的，比如各种河流交错形成的水网，还有山林间天然形成的可以通行的沟壑等等。还有一些道路是人为开辟的，比如秦始皇统一六国之后，便在全国各地修建了多条驰道，方便一些政令文书的传达，也方便了当时人们的出行，很好地促进了经济文化的交流。除了这种官方开辟的道路，还有普通百姓由于日常需要而自己开辟的一些道路，属于民间路径。由于历史久远，有些道路已经掩埋在历史的尘埃中，但有一些道路至今仍然能够找到。

这些南粤古驿道根据地域的不同，大致可以分为西江古道、南江古道、粤北秦汉古道、北江一珠江口古道、粤闽古道等五条线路。

这件石琮在韶关市曲江区马坝石峡遗址出土。玉琮是良渚文化的典型器物，大约在五千年前流行于中国东南地区。石峡玉琮的形制与良渚文化玉琮十分相似，足见新石器时期南方文化间的交流。

新石器时期石琮

西江古道是广东区域内主要交通枢纽之一，是一个依托西江水系，同时涵盖陆路交通的典型的水路、陆路交叉互补的交通体系。它从广西的桂北发源，进入广东后向东再向南，衍生出 3 条主线和 12 条支线，分别联系西江水系和粤西各处，包括今天的肇庆、云浮、茂名、阳江和湛江等市及所辖区、县、市。这一条古道连接范围很广，既连接广东、广西两地，同时也与海上丝绸之路的出海口相连，是一条内接外通的交通要道。

南朝鎏金花叶鸟鱼纹窝形铜器

此鎏金铜器在广东省湛江市遂溪出土。它的纹饰精细，线条流畅、造工精巧。鎏金较厚，不易脱落，该器物与一批波斯银币一起出土，从花纹看来多属阿拉伯风格，是南朝时我国和阿拉伯交往的佐证。

南江是西江的支流，全长201公里，发源于茂名信宜鸡笼山，越过罗定江盆地，自南向北而上，在郁南南江口注入西江。南江古道是古代北方文化进入南粤的一条通道，考古发掘出土了大量具有楚文化风格的器物。南江古道既连接中原文化，也是中原地区经由粤西地区通往南中国海的一条重要交通要道。

西周青铜盉

这件青铜盉出土自信宜市，是广东境内首次发现西周的青铜盉。它的形制和花纹具有商代晚期至西周中期的风格，应是周王室或贵族所有，之所以出现在百越杂处的广东西部，可能是周人赠予越贵族的礼物，或周人南迁所携，是见证南北交流的重要历史见证物。

粤北秦汉古道位于骑田岭，是广东连接湖南，进入中原的一条交通动脉，以陆路交通为主，兼以沿途水路作为辅助，包括西京古道和茶亭古道两条支线。其中，西京古道始建于东汉建武十五年（39年），南起英德浛洸，北接骑田岭道，进入湖南境内，通往中原，最终通向西京长安。唐宋以来，这条古道成为南粤地区北上中原的主要陆路通道。

南海Ⅰ号是一艘南宋海贸船只，在阳江海陵岛海域沉没。南海Ⅰ号沉船载有大量陶瓷器、金属器、漆器等船货，其中出水瓷器包括福建德化窑、磁灶窑、景德镇窑系及龙泉窑系的产品。南海Ⅰ号的发现充分说明广东是名副其实的海上交通走廊。下图中的南宋龙泉釉瓷碗和南宋青白釉花瓣口浅壁碗是南海Ⅰ号出水的文物。

南宋龙泉釉瓷碗

南宋青白釉花瓣口浅壁碗

梅关古道

　　这座关口就是粤北秦汉古道上的重要遗迹 ——梅关，位于今天韶关南雄的大庾岭上。梅关古道始建于秦汉，是全国保存得最完整的古驿道。719 年，广东第一位宰相张九龄主持重凿大庾岭路，拓宽梅关古道，为唐代以来的南北交流甚至全国的经济文化交流都做出了很大的贡献。

梅关古道

张九龄像

张九龄，字子寿，韶州曲江人，唐玄宗开元年间宰相，唐代著名文学家和教育家，才学超群，风度甚佳，很受唐玄宗赏识。今天韶关市内的风度楼就是为了纪念这位贤明的宰相而修建的。

北江 — 珠江口古道是以北江和珠江口水系为依托形成的道路系统，主体可分为北江段和珠江口段，韶关、清远、佛山、广州、东莞、深圳、佛山、中山、珠海、江门以及香港和澳门都是它涵盖的范围，基本上包括了今天广东经济文化最发达的区域，可见它的重要性。

　　"闽"是福建省的简称，所以粤闽古道就是连接广东和福建的交通大动脉，由东江、韩江以及潮惠三条主线组成，地理位置上涵盖今天部分珠三角地区以及粤东和粤东北地区。

南澳I号出水文物——漳州窑瓷器

　　南澳I号发现于南澳县三点金海域，沉船出水大量福建漳州窑瓷器。这些瓷器来自于福建和广东地区的民窑。历史上，广东与福建除了韩江和陆路通道外，沿海的近海航行路线也是一条重要的海上通道，从粤东到珠三角以及粤西都是这条海上走廊的重要节点。

南北通融的需要成为南粤古驿道诞生和发展的推力，而道路的畅通又反过来促进了南北的交通和交融。两千多年来，这些道路记录着普通人日常生活的点滴，书写着"红尘一骑妃子笑"的故事，聆听着南来北往的客商们的嬉笑怒骂，寄托着文人墨客的人生起伏，见证着广东历史文化的盛衰荣辱。正是因为有了许许多多"人"的故事，作为自然之路而存在的南粤古驿道承载了丰富厚重的历史文化内涵，与之相连并辐射世界的广东海上丝绸之路，由此书写了另一段传奇。

明清时期，伴随环球贸易航线的不断拓展，中国的丝、瓷、茶三大名产和工艺美术源源不断地从广州运往欧美。广东生产并销往海外的广绣、广彩、广雕、外销画、外销银器、外销漆器、外销扇、名片盒等在西方掀起了"中国风"的社会时尚。

外销红漆描金孔雀开屏锡胆茶叶盒

南澳Ⅰ号出水文物——珍珠母水粉画

广东的海外贸易

广东位于中国大陆最南端，海岸线有三千多公里，形成了许多天然良港，为广东地区海外贸易的发展提供了优越的自然条件。经过秦汉以来的发展，到了唐代，广州已经成为当时中国最重要的港口之一。西方的货物和文化通过广州一路北上影响中原，中国文明也通过广州影响着世界。

南海神庙牌坊

　　唐代广州的外港叫做扶胥港，位于今天广州市黄埔区庙头村西。南海神庙是古代扶胥港的标志和象征。开皇十四年（594 年），隋文帝下诏建立南海神庙，之后历代帝王都会派官员到南海神庙立碑祭祀。唐宋时期，中外商船出海前一定会来到这里祭拜南海神，祈求旅途一帆风顺，海不扬波。南海神庙是中国古代重要的祭海场所，也是我国现存规模最大、保存最完整的四大海神庙之一，是广东海上丝绸之路的重要历史遗迹。

东汉陶船模型

　　海外贸易的发展、航线的不断扩展与广东造船业的进步和航海技术的提高是密不可分的。早在秦汉时期，广东的船已经发展到成熟的木帆船阶段，在船体上建有重楼、帆、舵、锚等设备。唐宋时期的广东是全国船舶制造的重要基地，并且已经用上了钉接榫合法、水密隔舱、指南针这样在当时世界领先的造船和航海技术。

宋龙泉窑莲瓣碗

唐宋时期，朝廷倡导"江海求利，以资国用"，积极发展海上交通贸易，希望海外贸易能够为国家财政提供支持，所以当时的海上贸易极为繁荣，尤其是中国出产的陶瓷制品，外国人非常喜欢，广东成为当时中国最重要的外销陶瓷生产及出口基地。中国陶瓷产品源源不断地经海路销往世界各地，成为海上贸易的主要货物，因此"海上丝绸之路"又被誉为"海上陶瓷之路"。

唐长沙窑青黄釉绿褐彩花鸟把壶

今天的我们能够知道古代贸易的繁荣，除了文献记载以及陆地上的考古发现，广东海域内各个时期的沉船也为我们提供了非常重要的信息。

现代人根据研究复原的南海 I 号

　　南海 I 号沉船是 1987 年考古工作者发现的南宋沉船，是到目前为止发现的最大的宋代船只。发现这艘沉船的时候中国的水下考古事业才刚刚起步，南海 I 号成为中国水下考古的第一个项目。中国第一批水下考古工作者们从零开始慢慢摸索，经过 20 年的努力，2007 年南海 I 号沉船实现世界首创的整体打捞并正式入驻"水晶宫"，即"广东海上丝绸之路博物馆"。这标志着中国水下考古水平跻身世界先进行列。2009 年"水晶宫"正式对外开放，考古工作者继续在现场进行考古发掘工作，2019 年 8 月，沉船中共发掘 18 万余件文物。

宋金项饰

　　这条金项饰可以说是发现南海 I 号的一把钥匙，也是第一批出水文物之一。正是因为它奇异的样式，让考古工作者们意识到了它们发现的这条船不同寻常。这条金链子全长 1.72 米，重 586 克，由四股八条金线编织而成，一端是由变形的蛇的形状做成的钩，另一端有四个小环用以调节松紧，时隔近千年重见天日，依旧熠熠生辉。

为了对繁荣的海外贸易进行管理,唐代广州首次设立市舶使和市舶使院,标志着中国对外贸易管理体制的开始。"市"是交易的意思,"舶"指的就是各种船只。广州是我国最早设立市舶管理机构的城市,也是终唐一代全国唯一设立市舶使和市舶使院的地方。宋代市舶使院改称市舶司。

粤海关

到了明代,为了抵御海上的倭寇和西方殖民者的侵扰,明政府施行严格的禁海令,民间的海上贸易行为基本被禁止,仅有郑和下西洋这样彰显国威的朝贡贸易仍在进行着。到了1684年,为了振兴沿海地区萧条的经济,康熙皇帝下令废除明朝以来施行的禁海令,实行开海贸易政策,并于1685年在东南沿海设立粤、闽、江、浙四大海关,作为海上对外贸易的行政管理机构。清代海关的设立标志着自唐代以来1100多年的市舶制度的终结和近代海关制度的创立。

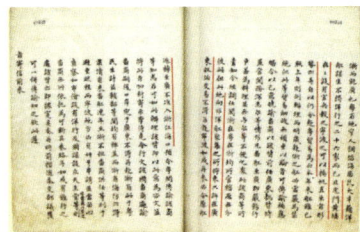

一口通商谕旨

1757年,为了方便对西方商船进行管理,乾隆皇帝把四大海关裁撤了三个,留下一个粤海关独家处理中西海上贸易往来,史称"一口通商",而粤海关的监督署就设在广州。在这样的政策下,广州的海外贸易得到新一轮迅速发展,粤海关的巨额税收成为皇家内务府的重要财源,直接牵动着宫廷生活命脉。

广州港全景图

　　"一口通商"政策开始实行后，广州十三行成为清政府特许的唯一对欧美通商特区。为了对十三行的贸易进行管理，十三行出现了行商群体和相关制度，并设立了专门供外国人居住的十三行商馆区。十三行行商也叫洋商，多由身家殷实的富裕商人担任，既赚钱又管事，负责承揽对外贸易、传达政府法令以及管理外商，是一群"亦官亦商"的人。除了这群人，别的中国人是不能随意跟外国商人接触的。

卢茂官像

卢茂官，十三行四大行商之一，本名卢继光，外商称他为茂官，祖籍广东。1792 年时创立广利行，地址在广州源昌街。

与此同时，十三行也成为当时中国最大的外销品制造销售基地。在这里，大批进口商品如毛皮、毛织品、胡椒、茴香等成为中国人柴米油盐的一部分，而茶叶、丝绸、布匹以及外销画、外销瓷等精美工艺品跟随着金发碧眼高鼻梁的欧洲人漂洋过海，艳惊西方。

清乾隆农耕商贸图外销壁纸

　　这件壁纸是十三行出口的外销品中的一件精品，是国家一级文物，一组 12 件，纵 292.2 厘米，横 72.4—146 厘米不等，是现在国内唯一画面如此连贯完整的成套外销壁纸。它与英国夏活庄园（Harewood House）主卧室壁纸是珠联璧合的一个整体，共同见证着 200 余年中英商贸文化交流的历史变迁。

　　夏活庄园是英国英格兰约克郡一座一级历史保护建筑，始建于 18 世纪 60 年代，由夏活伯爵艾文·拉斯切利斯投资兴建。拉斯切利斯家族 (Lascelles Family) 是 18 世纪英国最富有的贵族家庭之一。夏活伯爵的弟弟亨利·拉斯切利斯是英国东印度公司 "约克号" 商船的船长，曾在 1741 年至 1748 年三次到访广州，这套壁纸很可能就是亨利到访广州时定购的其中一件物品。它画面连贯、绘制精细、色彩艳丽，栩栩如生地描绘了广府人从事农耕和商贸活动的画面。

　　繁荣富庶的十三行一路引领着清代鼎盛时期的中西贸易，直到第一次鸦片战争后，1842 年中英《南京条约》签订，"五口通商"局面形成，广州不再是全国唯一的中西贸易关口，十三行独领风骚的地位被打破。1856 年第二次鸦片战争爆发，驻扎在十三行附近的英军拆毁了周围大片民居，愤怒的广州人民点燃大火，十三行商馆区化为灰烬，最终淡出历史舞台。

虎门销烟
与鸦片战争

要说清楚鸦片战争因何而起，我们需要先了解一下鸦片，它既是一种药物，也是一种毒品，原料是罂粟的果实。

鸦片烟膏

罂粟标本

　　罂粟花是看起来很美丽的植物，但是花朵凋谢之后会结出饱含毒汁的果实。用刀将罂粟果皮划破，渗出乳白色汁液，经自然风干凝聚成黑色黏稠的膏状物，这就是鸦片烟膏，俗称大烟。作为医药用品它具有止痛镇静的功效，对多种疾病具有很好的疗效，同时它又具有成瘾性，对人体身心健康有严重的毒副作用。如果被人大量吸食，就变成了能让人上瘾、中毒而死的毒品。19世纪30年代，鸦片吸食者蔓延到了社会各个阶层，上至达官贵族，下至平民百姓、妇女、儿童、乞丐乃至官兵。"眼垂泪、鼻出涕，一息奄奄死相继""双枕对眼一灯紫，似生非生死非死。瘦肩耸山鼻流水，见者咸乎鸦片鬼"，这些民谣都形象地再现了鸦片吸食者们的丑态和悲惨下场。

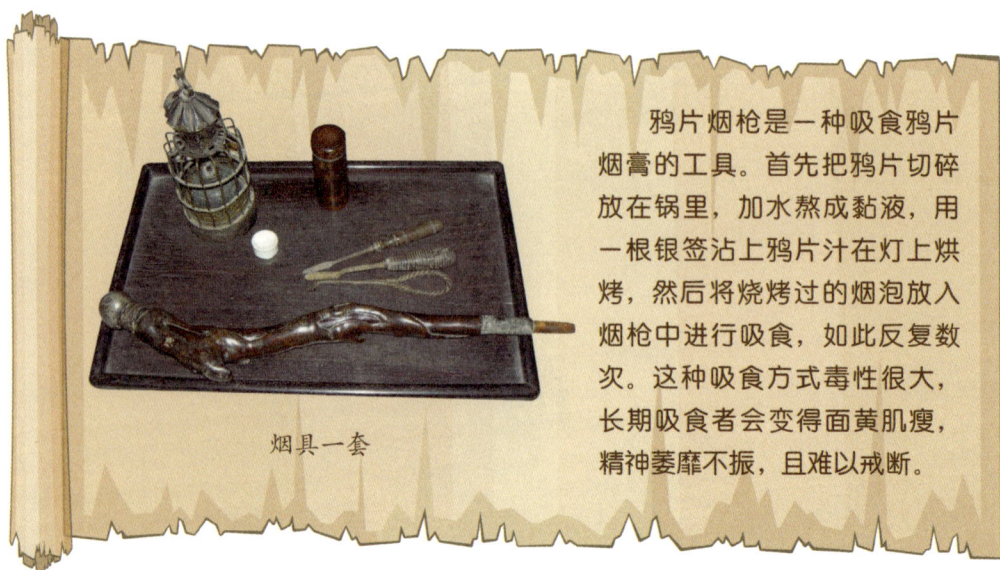

烟具一套

　　鸦片烟枪是一种吸食鸦片烟膏的工具。首先把鸦片切碎放在锅里，加水熬成黏液，用一根银签沾上鸦片汁在灯上烘烤，然后将烧烤过的烟泡放入烟枪中进行吸食，如此反复数次。这种吸食方式毒性很大，长期吸食者会变得面黄肌瘦，精神萎靡不振，且难以戒断。

陈乐琴 "愁城十二景" 四屏连环画

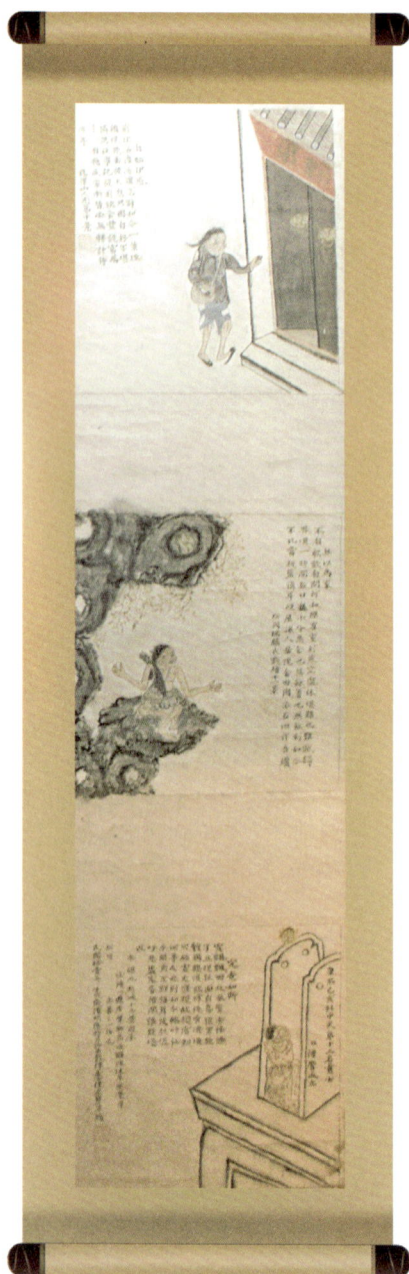

陈乐琴 "愁城十二景" 四屏连环画

这组连环画描绘了 19 世纪 30 年代一个出生在大户人家的富家子弟染上吸食鸦片的恶习后，变卖家产来买鸦片，后来逼死老母、卖妻卖儿，家境由富到贫，最后沦落成乞丐的故事。可见，吸食鸦片会给一个家庭带来巨大的灾难。

鸦片之所以会在清末大面积蔓延，是因为西方殖民者在中国赚不到钱，反而为了购买中国的货物而向中国支付了大量的白银。他们尝试了很多方法也无法打开中国的市场，于是以英国为首的殖民者便想出了向中国走私鸦片的计策，让中国人染上毒瘾，为了购买鸦片而倾尽所有。

为了禁绝清末这一"全民吸毒"的乱象，林则徐进行了虎门销烟。

林则徐画像

林则徐，字元抚，又字少穆，清代爱国政治家、思想家、诗人。他为官清廉正直，痛心于吸食鸦片对人民的祸害，主张严禁鸦片，并粉碎了英国侵略者的多次武装挑衅。在尽力改善国内情况的同时，林则徐也注意了解外国的发展，组织翻译西文书报，了解外国情况，所译资料先后被编成《四洲志》《华事夷言》《滑达尔各国律例》等，成为中国近代介绍外国文献的带头人，史学界称他是"中国开眼看世界的第一人"。他曾写下诗句"苟利国家生死以，岂因祸福避趋之"。

销毁鸦片烟池

1972 年，销烟池挖掘现场
及第二号池出土的木板

1839 年 6 月 3 日，虎门镇口海滩上聚满了四面八方赶来的人群，围拢在销烟池栅栏外现场参观。下午 2 时左右，销烟开始。只见一群群袒胸赤脚的民夫由水沟车水入池，将盐撒入池中，酿成盐卤水，然后将一箱箱鸦片搬运到销烟池边，开箱过秤，逐个切成四小瓣后，抛入池中浸泡半天，再将一筐筐生石灰倒下去。顷刻之间，整个销烟池沸腾起来。几十个民夫站在踏板上，手拿铁锄木耙反复搅拌，使鸦片浸透化开。等到海水退潮之时，开启涵洞，让所有的残渣污水随潮水汇入大海，再用清水冲刷池底。就这样，两池轮番使用，直到 6 月 25 日，历时 20 余天，共销化鸦片将近 1200 吨。

1841 年 2 月 26 日，"虎门海战"爆发

　　林则徐的虎门销烟行动引起了英国政府的强烈不满，他们认为这损害了英国的利益。一些鸦片贩子打着为英国商人"讨还公道、赔偿损失"的旗号，要求英国出兵。1840 年 6 月，懿律率领"东方远征军"封锁珠江口，标志着第一次鸦片战争正式开始。

　　第一次鸦片战争时期英军已处于初步发展的火器时代，而清军仍处于冷热兵器混用的时代，并且大部分士兵主要以冷兵器为主，如弓箭、长矛和腰刀等，装备的热兵器主要有火绳枪、抬枪、火炮等。

手执鸟枪的清兵

　　兵丁鸟枪是清军作战训练用的火绳枪，因其发机处龙头翘起，形似鸟首而得名。它与弓矢、火炮同列为清代军队装备的三大武器。但兵丁鸟枪大多质量低劣，严重老化。有的枪管薄厚不均，枪膛宽窄不一。膛宽则弹出无力，飞行不远；管薄则易膛炸，自伤射手，所以兵丁往往不愿使用，大部分士兵还在使用刀矛弓箭的冷兵器。

清道光十五年（1835 年），佛山制造的铁炮

　　当时中英军队作战的方式主要是海陆炮战，火炮是最重要的武器。发射炮弹时，要先装一定量的火药，再装炮弹，点燃导火线，火药爆炸产生的冲击力将炮弹发射出去。当时的炮弹是一个圆形的实心弹，像一个铁球一样，而且不会爆炸。它完全是靠自身重量和火药爆炸的冲击力来击伤敌舰。鸦片战争爆发前，清政府国库空虚，中西火炮在铁质和铸造工艺等方面都有很大的差距。清兵的火炮冶炼技术落后，十分粗糙，有气泡，发射时很容易炸裂，自伤射手。

英国带皇冠标志铁炮

广东水师战船——米艇

对比中英武器装备，差距最大的莫过于舰船。英国海军力量为当时世界之最，拥有各类舰船400多艘，其主要作战军舰仍为木制风帆船，用坚实木料制作，能抗击风浪，船体下部为双层，抗沉性能好，且有金属包裹，防腐蚀，船体上有多桅帆，能利用多种风向航行，排水量从几百吨到几千吨不等，配炮多，从10门到120门不等，整体性能远在清军水师之上。

米艇是鸦片战争时期广东水师使用的主力战船。米艇原本只是民间运米的货船，后来被清廷水师采用，用来缉拿海盗。鸦片战争时期米艇成为广东水师对垒英国军舰的主要战船。然而米艇对于海盗还可勉强应付，但一旦面对英军先进的战舰，则显得束手无策。

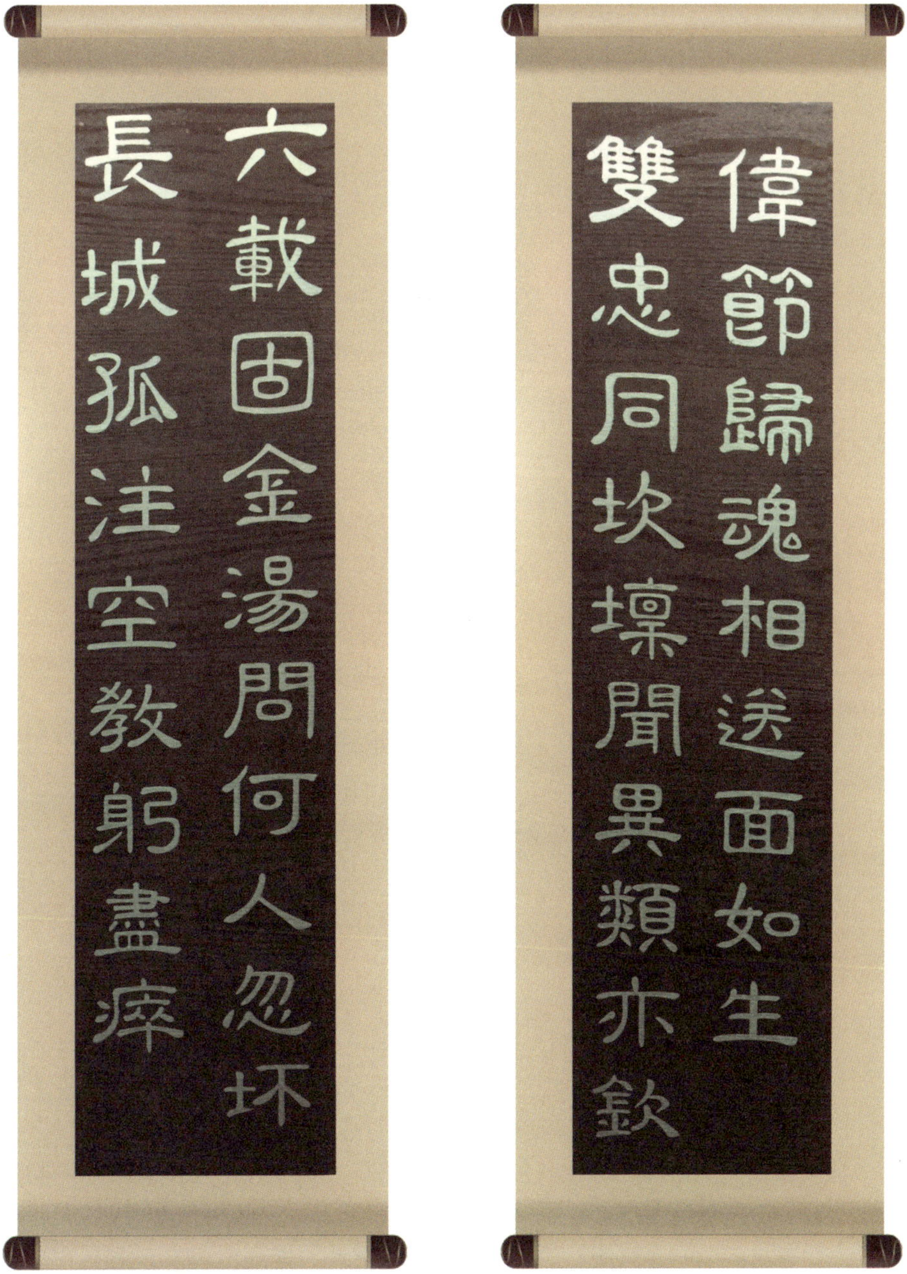

偉節歸魂相送面如生

雙忠同坎壈聞異類亦欽

六載固金湯問何人忽壞

長城孤注空教躬盡瘁

一副挽联
——悼念关天培老将军殉难靖远炮台

109

1841 年 2 月，英军蜂拥而来，虎门危急，关天培临时将水师提督衙署从虎门寨移驻靖远炮台，就近指挥，以鼓舞士气，靖远炮台因此成了英军主攻目标。英国军舰趁着涨潮，在上下横档大炮掩护下，蜂拥而至地扑向靖远炮台，顿时弹片四溅，砂石乱飞。连日奔波劳累已心力交瘁、疲惫不堪的关天培挥刀督阵，将士们拼死还击。关天培受伤多处仍指挥若定，还替代牺牲了的炮手，亲自点燃大炮轰击敌舰。突然一发炮弹当胸袭击，这位老将军为捍卫祖国的尊严和神圣领土不受践踏而血洒疆场，以身殉国。当英军冲上指挥台时，早已中弹身亡的关天培仍然双目不闭，怒视英夷，双手执刀，巍然屹立，眼见凛然不可侵犯的关天培，英军从心里发出由衷的钦佩，称他为"最杰出的元帅"，并鸣枪致敬。

"虎门六台，金锁铜关，入来不易，出去更难"——虎门海口图

虎门，位于珠江入海口的上横档岛上，地势险要，犹如瓶颈，是进入广州的咽喉要道，因此，自明代起就在虎门海口设立要塞，以控制出海口。清代以来，又陆续在此设立多个炮台，到鸦片战争时这里已经拥有全国海防炮台中规模最大、体系完整的立体防御工事。

考虑到虎门是从海上进出广州的必经之地，地理位置十分重要，清朝因此将广东水师提督署设于东莞虎门寨。历任提督都是熟悉海疆之人，统兵上万人，为封疆大吏。1834 年，道光皇帝着力整理广东海防，将当时的水师提督李增阶革职，命关天培出任广东水师提督。

"创立虎门义学记"石碑

关天培就任广东水师提督后，发现军中子弟终日嬉戏闲游，荒废了大好时光。为了让孩子们有个读书学习的地方，关天培便着手在提督署附近设立义学学堂。他虽然军务繁忙，但总会抽出时间到学堂督促查看学生上课情况。

三元里人民抗英三星旗

　　鸦片战争开始以后，英军占领广州城郊重要据点四方炮台，并带着武器在附近农村横冲直撞。愤怒的中国民众并没有退缩，自发组织起来反抗，三元里人民的抗英斗争便是其中之一。他们将敌人诱骗到牛栏岗，埋伏在四周的七八千名武装农民在号声和鼓声中突然出现，将敌人团团围住。此时恰好雷雨大作，英军的火药被淋湿，枪炮无法使用，被打得东奔西窜，死伤几十人。最终，中国民众歼灭侵略军200多人，缴获大批武器。三元里人民抗英三星旗的竖起，揭开了中国人民反抗外来侵略的序幕，显示了中国人民不甘屈服、敢于同敌人进行斗争的伟大英雄气概。

耆英、伊里布、牛鉴与英国全权代表璞鼎查
于英国"皋华丽"战舰上签署《南京条约》

　　个人的英勇和民间的抗争无法挽救清军的节节败退。1842 年，清政府代表于南京江面上的英国"皋华丽"战舰上签署了中国近代史上第一个不平等条约《南京条约》。从此，中国由一个独立主权国家逐步沦为半殖民地半封建社会，开始了长达一个多世纪的救亡图存的艰苦历程。

后记

习近平总书记号召我们"活化文物资源",作为中华文明的实证与展示品,如何使它们活化起来,和同学们对话,并贯穿古今时空,物我相融,是博物馆教育人员的重要挑战。

2018年秋广东人民出版社副总编辑倪腊松走访广东省博物馆,基于广东省委宣传部的一个大计划,拟出版一套有关岭南文化的青少年读物。这让我们很惊喜,粤博每年都出版展览配套图录,但为青少年撰写的图书少之又少。博物馆是人类学习、思考的场所,随着博物馆功能的不断完善,博物馆从静态的陈列到动态展现的过程,越来越充满生机与活力。我们愿意与出版机构、教育行政部门、学校、老师一起振兴教育、扩宽博物馆使用度、促进博物馆教育研究和在粤博内外构建一个学习共同体。所以一拍即合,我们立即召集同事们克服困难,完成编撰任务。

这本书从青少年的视角，贴近他们的生活，图文并茂，语言简洁明了，突出岭南历史重点脉络；希望通过这本书能适时引导学生激发对岭南文化的兴趣，让更多的青少年走进博物馆，认识广东的历史、了解我们的文化、走近这片土地上的山川风物，从而发生潜移默化的改变，学会用更加包容的方式看待世界，培养学生的核心素养和关键辨识、判断能力。

感谢广东人民出版社的林小玲编辑和梁淑娴编辑的大力支持和帮助，提出很多中肯意见并为本书出版付出了艰辛劳动，在此表示感谢。

由于时间仓促，加上本人知识和专业水平有限，书中文字和内容恐有所疏漏。如有不到之处，敬请业界同仁及社会各界人士不吝赐教！

王芳

2020 年 1 月